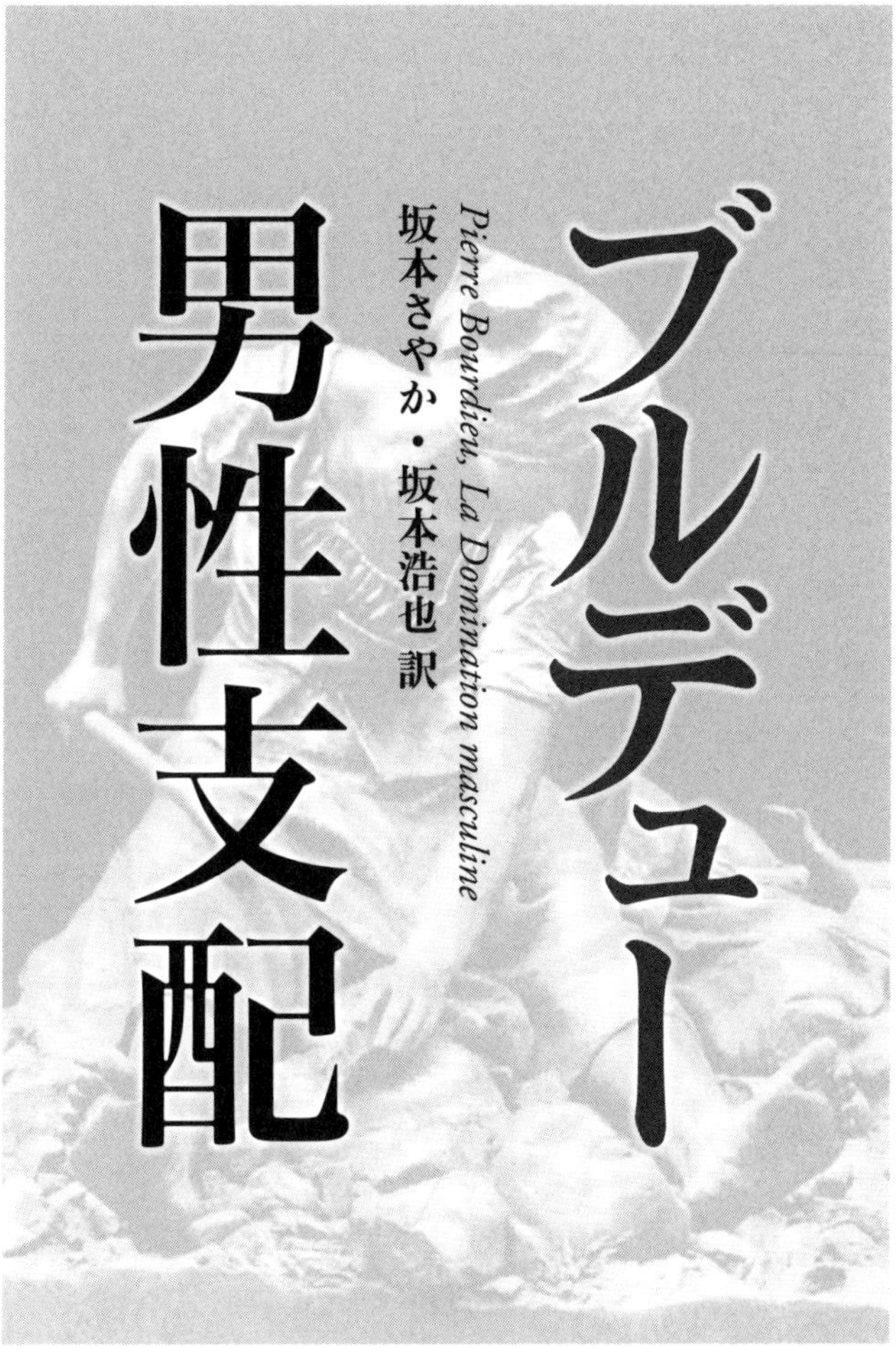

ブルデュー
男性支配

Pierre Bourdieu, La Domination masculine

坂本さやか・坂本浩也 訳

Bourdieu Library

藤原書店

Pierre BOURDIEU

LA DOMINATION MASCULINE

男性支配　目次

男性支配

凡例

一　原文のイタリックのうち、強調を示すものは訳語に傍点を付し、フランス語以外の単語を示すものは必要に応じて振り仮名を添えた。
一　原文において小さい活字が用いられているパラグラフは、インデントで示し、小さい活字を使用した。
一　原文の《　》は「　」とした。また、意味のまとまりを示すため、原文にはない〈　〉を補った箇所がある。
一　書籍名・定期刊行物名は『　』で、論文名・記事名は「　」で括った。
一　読みやすさを考慮して、原文にはない改行を補った。
一　原註・訳註は章ごとに（1）（2）……の番号を付し、巻末にまとめた。訳註はその旨明示した。
一　訳者による補足は本文中に〔　〕で挿入した。
一　引用文のうち邦訳のある文献はできるだけ参照し、註に明記した。
一　ヴァージニア・ウルフの『灯台へ』からの引用には、岩波文庫版（御輿哲也訳、二〇〇四年）を使用し、必要に応じてブルデューの参照している仏語訳のニュアンスを〔　〕で補った。

序文[1]　恣意的なものの永遠化

　この本のなかで私は、男女関係に関する数多くの研究に依拠することにより、かつて私自身がおなじテーマについておこなった分析を、さらに明確にし、補強し、訂正することができた。大多数の分析者（および私を批判する人びと）が、性をめぐる秩序は永続するのか変化するのかという問いを執拗にとりあげている（永続や変化を、事実として確認することもあれば、希望として語ることもある）。しかし、この本は、まさにそうした問いそのものを明示的に問いに付すものだ。

　じっさい、このように素朴で、しかも素朴に規範的な〔「変化すべき」だという価値判断をともなう〕二者択一を〔本書の読解に〕持ち込んで押しつけるからこそ、〔批判者たちは〕明らかに無理のある曲解をしてしまうのだ。つまり、〔本書がおこなったように〕性的構造と性的構造の知覚を媒介する図式とが相対的に恒常性をもつという事実を確認すると、それだけで、女性をめぐる状況の変化を否定したり糾弾したりする手口だと見なされ、そのような手口は糾弾されるべきだといって即座に糾弾され、誤りだといって即座に女性をめぐる状況のあらゆる変容を想起され、反論されてしまうのである。

この〔永続か変化かという〕問いに対して、別の問いをたてなくてはならない。それは、科学的により妥当で、また私見ではおそらく政治的にもより切迫した問いである。皮相な観察によれば男女関係は大いに変容したと見えるかもしれないにもかかわらず、じっさいにはそれほど変容していないのが確かだとすれば、また、とりわけよく保存された男性中心社会（たとえば私が六〇年代初頭に観察できたカビリア社会のような社会）の客観的構造と認知的構造についての知識が、もっとも経済的に進んだ現代社会における男女関係の実態の、もっとも隠蔽された側面のいくつかを理解する助けになるような道具を提供してくれるのが確かだとすれば、その場合は、性別による分割の構造とそれに合致した〈ものの見方《ヴィジョン》の原理〉の相対的な永続化と脱歴史化の原因となっている歴史的メカニズムはどのようなものなのか、と問わなければならない。こうした表現をもちいて問いをたてることは、知識の領域における進歩を表すものであり、その進歩は行動の領域における決定的な進歩の原理になりうる。歴史のなかで永遠に見えるものが、じっさいには家庭、教会、国家、学校、さらにはべつの次元で、スポーツやジャーナリズムといった（たがいに接続した）制度が担っている永続化の作業が生み出したものにすぎないのを思い起こさせること、それは（家庭や教会といったこれらの抽象概念は、複合的なメカニズムを速記的に指示するための単純な表記にすぎず、それぞれのケースについて、その歴史的な個別性を分析されるべきだが）、自然主義的で本質主義的な見方によって歴史から引き離されてしまう男女関係を、あらためて歴史のなかに組みいれること、したがって、歴史的な行動のなかに戻すことであり、——私がそう言ったことにしたがる者がいたけれども——歴史を止めて、女性から歴史的な行為者としての役割を奪いとろうとすることではないのである。

まさにこうした脱歴史化をもたらす歴史的な力に対抗する方向へと、優先的に動員の企てを進めなくてはならない。目指すのは、歴史を中和するメカニズムを中和することによって歴史をふたたび動かすことである。こうした本来の意味での政治的な動員によって、法的・政治的な改革へと向かう集団的な抵抗行動の可能性が女性に開かれることになるだろう。この動員は、性差をめぐる本質主義的な見方（生物学中心主義的で精神分析的な見方）によってうながされる諦めに反対すると同時に、個人的な行為に帰着するような抵抗、あるいは一部のフェミニストの女性理論家が奨励する、言説上の「ハプニング」の終わりなき反復に帰着するような抵抗にも反対するものである。というのも、そうした日常のルーチンに対する英雄的な断絶、ジュディス・バトラーが重視する「パロディ的パフォーマンス」のようなものは、おそらく多くを要求するわりに、とぼしく不確かな成果しかもたらさないからだ。

女性にとって、連帯と互助のための小グループは、家庭や工場やオフィスにおける日常的闘争の苦難を乗り切るために必要である。しかし、どれほど必要であっても、そうした小グループがおこなう内向きの反抗への誘惑から切り離された政治行動に参加するよう、女性に呼びか

ける こと。それは、政治闘争の通常の〔男性主導の〕規範および形式へと（闘争することなく）参入するよう、女性を促すことなのではないか、女性に固有の利害や関心とは縁がない運動のなかに女性を併合し埋没させるおそれがあるのではないか、という考えや懸念が浮かぶかもしれないが、そうではない。政治行動への参加を呼びかけるのは、まさに女性たちが、社会運動のただなかで、これまでの象徴的差別（女性を同性愛者とともに特権的な標的とする差別）に対する反抗から生まれた数々の組織を拠点にしつつ、女性の従属の永続化に貢献している制度を揺るがしうるような有効な武器、とりわけ象徴的な武器と、集団的な行動および組織の形態を創り出し、それらを認めさせるために全力を尽くせるよう祈念することなのである。

はじめに(1)

これほど難しい主題に正面から取り組むことになったのは、おそらく私の研究の論理的な帰結であろう。じっさい私はつねづね、ドクサのパラドクスと呼んでよいものを前にして、驚きをおぼえていた。それは、あるがままの世界の秩序――文字どおりの、または比喩的な意味での一方通行と通行禁止、義務と処罰をともなう社会秩序――が、おおむね尊重されていること、侵犯や転覆活動、違法行為や「狂気の沙汰」が、もっと存在しないことだ（考えてみればよい。たった五分間、パリのバスチーユ広場やコンコルド広場で車両交通が成り立つのに、数千人の性向――または意志――が、普通とは思えないほど見事に一致することが必要なのだ）。さらに意外なのは、既成の秩序が、それに固有の支配関係、権利や特例、特権や不正とあわせて、いくつかの歴史的な偶発事はあるものの、最終的にはこれほどやすやすと永続していること、そして、このうえなく耐えがたい生活条件が、これほど頻繁に、許容しうるもの、さらには自然なものに見えてしまうことである。

また私はこれまでずっと、男性支配と、男性支配が押しつけられ被られる仕方のなかに、私が象徴的暴力と呼ぶものの効果である、あの逆説的な〔よく考えると不条理な、一般通念に反する〕従属の典型例があると考えてきた。象徴的暴力とは、被害者にも見えず、感じとれないような、ソフトな暴力であり、おもにコミュニケーションと認識という、純粋に象徴的な手段によって行使される。あるいは認識というよりも、もっと正確には、認識不足、〔既定の図式にしたがったステレオタイプ的な〕認知である。また究極的には、感情もそうした象徴的な手段のひとつである。

このように、普通とは思えないようなかたちで成り立っている普通の社会関係は、支配者と被支配者の双方から認識され認知されている象徴的な原理の名において行使される支配の論理を把握するための、特権的な機会を提供してくれる。その原理とは、言語（または発音）、生活様式（または考え方、話し方、行動の仕方）、そしてより一般的には、差異を示す特性、旗印《エンブレム》〔肯定的な評価を招く特徴〕または烙印《スティグマ》〔信用の失墜を招く否定的な特徴〕であり、そのなかで象徴的に最大の効果をもたらすのは、身体にかかわる、あの完全に恣意的であり何ら予測を許さないはずの特性、肌の色である。(2)

おわかりのとおり、こうした問題を扱うさいに重要なのは、なによりもまず、通念《ドクサ》がじつは逆説的《パラドクサル》な性格をもっているということを明らかにし、それと同時に、歴史を自然に変えるプロセス、文化的な恣意性〔慣例にすぎないもの〕を自然なもの〔当然のもの〕に変える原因となるプロセスを解体することである。そのためには、われわれ自身の世界とわれわれ自身の世界観に対して、人類学者の視点を持てなくてはならない。つまり、われわれが認識している（認識しそこなっている）男性的なものと女性的なもののあいだの差異の原理が、じつは恣意的で偶発的な性格をもち、また同時に社会の論理における〔社会学的な〕必然性をもっていることを一度に明らかにできるような視点である。

ヴァージニア・ウルフが、彼女自身の見事な表現で「支配の催眠術的な権力」と呼ぶものを宙づりにしようとするさいに、民族誌のアナロジーで武装し、女性隔離の生成過程を古代社会の儀礼に関連づけているのは偶然ではない。「必然的に、私たちには社会が陰謀の場に見える。私生活では私たちの多くが尊敬する理由をもつ兄弟を、社会という場は飲み込んでしまい、代わりに大声を張りあげて固い拳をにぎりしめた怪物のようなオスを押しつけてくるからだ。彼は幼稚にチョークで地面にしるしを書く。その神秘的な分割線のうちに、人間は厳密に、別々に、人工的に固定される。そうした場所で彼は豪華によそおい、未開人のように羽飾りをして、神秘的な儀式をとりおこない、権力と支配というういかがわしい快楽を享受するが、そのあいだ私たち、つまり『彼のものである』女たちは、家庭に閉じ込められ、彼の社会を構成する多くの協会のいずれに参加することも許されないのだ。」[3]「神秘的な分割線」、「神秘的な儀式」。こうした言葉づかい——儀礼的な聖別（新たな誕生の原理）によって魔術的な変貌と象徴的な改宗が生じるという言い方——は、男性支配のまさに象徴的な次元を把握できるようなアプローチへと研究を導くよう促している。

したがってこれからは、象徴財の経済に関する唯物論的な分析によって、「物質的なもの」と「精神的なもの」または「観念的なもの」とのあいだの不毛な二者択一をまぬがれる方法を見つけなければならないだろう（この二者択一は、両性間の非対称性を生産条件〔経済構造〕によって説明するいわゆる「唯物論的な」研究と、しばしば見事だが部分的なものにとどまっているいわゆる「象徴論的な」研究とのあいだの対立を通して、今日も残っている）。しかし、その前に、民族学をきわめて独自のやりかたで使うことによってのみ、ヴァージニア・ウルフの示唆した計画を実現することができる。その計画とは、私たちが認識しているような男女間の分割を生みだしている、あのまさに神秘的な操作を科学的に客体化すること、別の言葉でいえば、端から端まで男性中心主義的な原理（カビリアの伝統）によって組織されている社会についての客観的な分析を、われわれの無意識についての客観的な考古学として、すなわち正真正銘の社会分析の道具として扱うことである(4)。

このようにエキゾチックな伝統へと迂回することは、われわれをわれわれ自身の伝統に結びつけている見かけだけの親密な関係を断ち切るために不可欠である。生物学的な外見は、生物学的なものを社会化し社会的なものを生物学化する集団的な長期作業によって身体と脳のなかに生じたきわめて現実的な効果と結合して、原因と結果の関係を転倒させる。そうすると、自然化された社会的構築物（性別に対応するハビトゥスとしての「ジェンダー」）が、現物〔自然〕として、恣意的な分割の根拠のように思われてしまう。またここでいう恣意的な分割は、現実と現実の表象との原理になるものであり、ときには研究そのものにも押しつけられるのだ[5]。
こうしたほぼ分析的といってよい民族誌の使用法は、社会秩序においてもっとも自然に見える両性間の分割を、歴史化することによって非自然化するものだ。しかし、そのようなやり方は、恒常的で不変的な要素――まさに民族誌の社会分析的な有効性の原理であるもの――を明らかにすることによって、男女の関係をめぐる保守的な表象《イメージ》、あのまさに「永遠に女性的なるもの」〔ゲーテ〕という神話に集約される表象を追認することによって、永続化してしまうおそれがないだろうか。この点において、新たな逆説に立ち向かわなければならない。この逆説により、これまで人びとが「女の歴史」というかたちで研究しようとしてきたものを扱うやり方は、完全な革命を強いられている。つまり、女性の条件が目に見えて変化してきたとはいえ、そうした変化のかげで、両性間の支配関係に不変の要素が見られるのならば、まさに歴史の流れのなかで、それら不変の要素を歴史から引き離してきた歴史的なメカニズムを、研究の特権的な対象としてとりあげるべきなのではないだろうか。

認識におけるこうした革命は、実践においても、とりわけ両性間の物質的で象徴的な力関係の現状を変えるための戦略の構想に、影響をあたえるだろう。もし、この支配関係の永続化の原理が、本当は（というか、いずれにせよおもに）、支配関係の行使がもっとも目に見える場所のひとつ、すなわち家庭という単位（特定のフェミニズムの言説がすべての視線を集中させてきた場所）のなかにではなく、学校や国家のような審級〔決定機関〕という、もっとも私的な世界で行使される支配原理を練りあげ押しつける場にあるのが確かならば、そのときはフェミニズム闘争に広大な行動の領野が開けることになる。こうしてフェミニズム闘争は、ありとあらゆる支配形態に対する政治的な闘争のただなかに、独自の、また確固たる地位を占めるよう呼びかけられているのだ。

第一章　ある拡大されたイメージ

性別にかかわらず、われわれは、把握しようと努める対象〔男女関係〕のなかに含まれているため、男性的な秩序の歴史的構造を、知覚と評価の無意識的な図式というかたちで、すでに内面化してしまっている。したがって、男性支配を考えるにあたり、それ自体が支配の産物であるような思考形態にたよってしまうおそれがある。この循環から抜け出せる望みは、ただ科学的対象化の主体そのものを対象化するための、実践的な戦略を見つけることにしかない。その戦略とは、まさにこれから採用する戦略なのだが、「了解のカテゴリー」、またはデュルケームの用語を使えば、われわれが世界を構築するさいに用いている「分類形式」(ただし、この世界に由来するものであるため、本質的に世界と一致し、結果として気づかれないままになっている形式)の探究を目指す超越論的な考察を、一種の実験に変えることだ。その実験とは、カビリアのベルベル族という、エキゾチックであると同時に親しみがあり、異質でありながらなじみ深い、歴史上の個別の社会がもつ客観的構造と認知形態に関する民族誌的な分析を、男性中心的な無意識に関する社会分析作業の道具、そうした無意識のカテゴリーの対象化を可能にするような道具として扱うことである。(1)

カビリア山岳地帯の農民は、さまざまな征服や改宗のかげで、おそらくはそうした変化への反動として、「男根ナルシシズム的な」ものの見方《ヴィジョン》と男性中心主義的な宇宙論との範例的形態をあらわすような諸構造を保持してきた。そうした構造が保護されてきたのは、さまざまな言説や行動が、とりわけ儀礼を通したステレオタイプ化によって部分的に時間の流れから引き離され、相対的に変化せず、実践的な一貫性を保ってきたことによる。ここでいう「男根ナルシシズム的な」ものの見方と男性中心主義的な宇宙論は、あらゆる地中海社会に共通しており、今日もなお、部分的で分散したような状態ではあるものの、われわれの認知構造と社会構造のなかに生きのびている。カビリアという個別例の選択は、次のことを知れば正当化される。まず、そこで維持されてきた文化的伝統が、地中海的な伝統の範例的な実現であること（この点は、ギリシア、イタリア、スペイン、エジプト、トルコ、カビリアなどといった異なる地中海社会における名誉と恥辱の問題をあつかった民族学研究を参照すれば納得されるだろう）[2]。それから、ヨーロッパ文化地域の全体が、異論の余地なく、この伝統とおなじ性質を持っていること。この点についてはカビリアで観察された儀礼と、アルノルト・ファン・ヘネップが二〇世紀初頭のフランスで収集した儀礼の比較が示しているとおりである[3]。たしかに古代ギリシアの伝承という、精神分析が解釈図式の大半をひきだしてきた伝承に依拠することも、この伝承に関する無数の歴史民族誌研究の助けを借りれば可能だったであろう。しかし、今なお機能しているシステム、なかば学問的な再解釈を（文字伝承の不在ゆえ）比較的まぬがれているシステムを直接研究することは、なにものにも代えがたい。じっさい、すでに別のところで指摘したことだが[4]、ギリシアのもののような、数世紀にまたがって生産されたコーパスを分析する場合は、システムの次から次へと変化していった異なる状態を、人工的に共時化する［ひとつの時代のものと見なしてしまう］おそれがある。そしてとりわけ、古い神話儀礼的な基盤を、程度の差こそあれ根本的に異なるかたちで再編成したテクストに、おなじ認識論的なステータスを与えるおそれがある。民族誌家として振る舞っているつもりの解釈者が、じっさいにはすでに（ほとんど）民族誌家として振る舞っている作者たちを、「素朴な」インフォーマントと見なしてしまうおそれがあるのだ。そうした作者による神話の喚起は、ホメロスやヘシオドスのように一見すると最古層に位置する場合でも、すでに、削除や変形や再解釈を含み持つ学問的な神話〔学識者の作成した神話〕なのである（『性の歴史』第二巻のミシェル・フーコーのように、セクシュアリティと主体に関する調査をプラトンから始め、地中海的な古い基盤がより明らかに姿を見せているソクラテス以前の哲学者はもちろんのこと、ホメロス、ヘシオドス、アイスキュロス、ソフォクレス、ヘロドトス、アリストファネスといった作者を無視するようなやり方については、何とも言いようがない）。おなじような曖昧さが、学問的な態度を主張するあらゆる作品（とりわけ医学にかかわるもの）に見られる。そうした作品においては、〔学問的な〕権威から借用したものと、無意識の構造をもとに再創出され、借用した知の保証によって確認または追認されたものとのあいだの区別がつけられないのである（たとえば権威と見なされるアリストテレス自身、本質的ないくつかの点について、古い地中海神話を学問的な神話に変換していた）。

身体の社会構築

カビリア社会では、性の秩序がそれ自体として〔独立して〕形成されておらず、性的差異が宇宙全体を組織するさまざまな対立の総体〔集合〕のなかに埋没している。そのような世界では、性的な属性や行為は、人類学的・宇宙論的な限定を幾重にも受けている。したがって、カビリア社会における性的な属性や行為を、性的なものそれ自体というカテゴリーにしたがって考えると、その根本的な意義を認識しそこなう。われわれにとってはセクシュアリティがそれ自体として構成されているため（その完成がエロティシズムである）、性的な特質を帯びた宇宙論の意味をとりそこなうのだ。そうした宇宙論は、社会化された身体およびその運動と移動（これらもただちに社会的な意義を帯びる）をめぐる性的なトポロジーのなかに根づいている——たとえば、上へ向かう運動は男性的なもの、勃起、あるいは性行為における上位と結びつけられる。

独立した状態で見れば恣意的なのだが、事物と活動を（それが性的なものであれ、ほかのものであれ）男性的なものと女性的なものとの対立にしたがって分割することは、その分割が相似的な対立のシステムのなかに組み込まれることにより、客観的かつ主観的な必然性をもつことになる。高／低、上／下、前／後、右／左、まっすぐである／曲がって（ひねくれて）いる、乾いている／湿っている、固い／柔らかい、調味料が利いている／味気ない、明るい／暗い、外（公）／内（私）などの対立があり、そのうちの一部は、身体の動きに対応している（上／下〃のぼる／おりる、外／内〃出る／入る）。違い方が似ているこれらの対立は、それなりに重なるせいで、隠喩と実践〔慣習行動〕における転移の無尽蔵の戯れを通し、そうした戯れのなかで相互に支えあうが、それなりに食い違うせいで、それぞれの対立には、調和と暗示作用《コノテーション》と万物照応《コレスポンダンス》による重層決定から生じる、一種の意味論的な厚みが付与される。(5)

こうした普遍的に適用される思考の図式は、さまざまな違いを示す（たとえば身体にかかわる）特徴や偏差を、客観性のなかに組み込まれた自然な差異として登録するものだ。思考の図式は、そうした特徴や偏差を存在させることに加担すると同時に、そうした特徴や偏差を、一見するとどれもこれも自然に見える差異のシステムのなかに組み入れることによって、「自然なものにしてしまう」。その結果、こうした図式の生み出す予測が正しかったことが、たえず世界の流れによって、とりわけ生物学的・宇宙論的なありとあらゆるサイクルによって、確かめられることになる。こうなると、社会的な支配関係が意識にのぼりうるとは、とうてい思えない。社会的な支配関係は〔じっさいには〕そうした思考の図式の原理になっているのだが、原因と結果の完全な転倒によって、力関係から完全に独立した、意味の連関システムの、数ある適用例のひとつにしか見えないからだ。神話儀礼的システムがここで担う役割は、分化した社会〔複数の「界」が自律している社会〕で司法界に課せられる役割に相当する。神話儀礼的システムの提案する〈ものの見方と分け方の原理〉が、既存の分け方と客観的に一致しているかぎりにおいて、このシステムは、既成の秩序を、既知の認知された公式の存在にすることによって、認定するのである。

両性間の分割は、「ものごとのしかるべき秩序に含まれている」ように見える（普通で自然で、そのせいで不可避になったことを、ときにこんなふうに言う）。両性間の分割は、客観化された状態で、事物のなか（たとえば、家という、あらゆる部分が「有性の〔性的に区別されている〕

空間のなか)、社会世界全体のなかに存在すると同時に、身体化された状態で、身体のなかに、行為者のハビトゥスのなかに存在し、知覚・思考・行動にかかわる図式のシステムとして機能している。(私はここで、話を伝わりやすくするために、これまでずっと批判してきた主知主義的な哲学に陥っていると思われる危険を冒しつつ、認知のカテゴリーや構造という言葉を用いているが、むしろ実践的図式ないし性向という言葉を用いたほうがよいだろう。「カテゴリー」という語をしばしば使わざるをえないのは、この語が同時に社会的単位――農業従事者というカテゴリー――と認知構造とを指し示すという長所をもち、その両方を結ぶ絆を明らかにしうるからである。)客観的構造と認知構造との合致、存在の形態と認識の形式との合致、世界の流れとそれについての予期との合致こそが、あのフッサールが「自然的態度」ないし「ドクサ的な経験」として記述したような世界との関係を可能にしている――ただしフッサールはその社会的な可能性の条件を思い起こすのを怠ったのだ[6]。こうした経験は、社会世界と(社会的に構築された両性間の分割をはじめとする)社会世界の恣意的な分割を、自然で自明なものとして把握するので、そのかぎりにおいて、恣意性を完全に正統性として認める態度をうちに含んでいる。根本的な〔深層の〕メカニズム、たとえば認知構造と社会構造との一致の基礎になるメカニズムの作用に気づかず、それゆえに社会世界のドクサ的な経験(たとえば、われわれの社会においては、教育システムの再生産の論理)に気づかないせいで、きわめて異なる哲学的流派に属する思想家たちがそろって、象徴的な正統化(または社会弁護論《ソシオディセ》[7])の効果はすべて、程度の差こそあれ意識的で意図的な表象の次元に属する因子（「イデオロギー」「言説」など）に由来すると考えてしまうのだ。
男性秩序の力は、それが正当化を必要としない点に見てとれる。[8] 男性中心的な見方は、中性的なものとして当然のように受け入れられるのであり、わざわざその正統化を目指す言説のなかで表明されたりする必要がない。[9] 社会秩序は、みずからの基盤である男性支配を追認しようとする巨大な象徴機械として機能している。男性支配、それは性別による分業、つまり両性のそれぞれに特定の活動・場所・時間・道具をきわめて厳密に分配することである。それは空間の構造であり、男性のための集会の場所ないし市場と、女性のための家という対立をともなう。あるいは家のなかでも、かまどという男性的な部分と、家畜小屋・水・野菜にかかわる女性的な部分は対立する。それは時間の構造であり、一日、農地の一年〔農事暦〕、ないしライフサイクルにおいて、男性的な断絶の時期と、女性的な長い胚胎期間をもつ。[10]
社会世界は身体を、性的に区別された現実として、また性的に区別する〈ものの見方と分け方の原理〉の委託者として構築する。この身体化された社会的な知覚プログラムは、世界のあらゆる事物に適用される。第一に、身体そのものに、その生物学的な現実の面において、適用される。まさにこのプログラムこそが、男性による女性の支配という恣意的な関係のなかに根づいた神話的な世界観の原理にしたがって、生物学的な両性の差異というものを構築しており、この恣意的な支配関係それ自体、分業とともに、社会秩序の現実のなかに組み込まれているのである。こうして、ふたつの性のあいだの、すなわち男性的な身体と女性的な身体とのあいだの生物学的な差異、そしてとりわけ性器にかかわる解剖学的な差異が、ジェンダー間の社会的に構築された差異、とりわけ性別による分業を自然に正当化するものに見えるようになるのだ。(身体とその動きは、社会的構築の作用にしたがう普遍項の母型《マトリックス》であるが、その意義、とりわけ性的な意義に関しては、完全に決定されているわけでもなければ、完全に決定されていないわけでもない。その結果、身体とその動きに結びついた象徴的な意味合いは、ただの約束事であると同時に「理由のある」ものであり、したがって、ほとんど自然なものとして知覚される。)社会的な〈ものの見方の原理〉によって解剖学的な差異が構築されるという事実、およびこの社会的に構築された差異が、まさにその差異を根拠づける社会的な見方の根拠になり、一見するとその自然な保証になるという事実からすると、ここに見られるのは、思考を支配関係の自明性のなかに閉じ込める循環的な因果関係である。問題の支配関係は、客観的な分割というかたちで客観性に組み込まれていると同時に、認知の図式というかたちで主観性に組み込まれている。そしてこの認知の図式は、客観的な分割にしたがって組織され、客観的な分割の知覚を組織しているのである。

　男らしさ〔virilité〕は、まさにその倫理的な面で、つまりvir〔ラテン語で「男性」〕、virtus〔「男性の長所」〕の定義そのものとなる本質、面目(〔カビリアでいう〕nif〔フランス語でpoint d'honneur〕)、名誉の保持と増大にかかわる原理として、少なくとも暗黙のうちには、身体的な男らしさと不

関与的諸対立の一覧図式

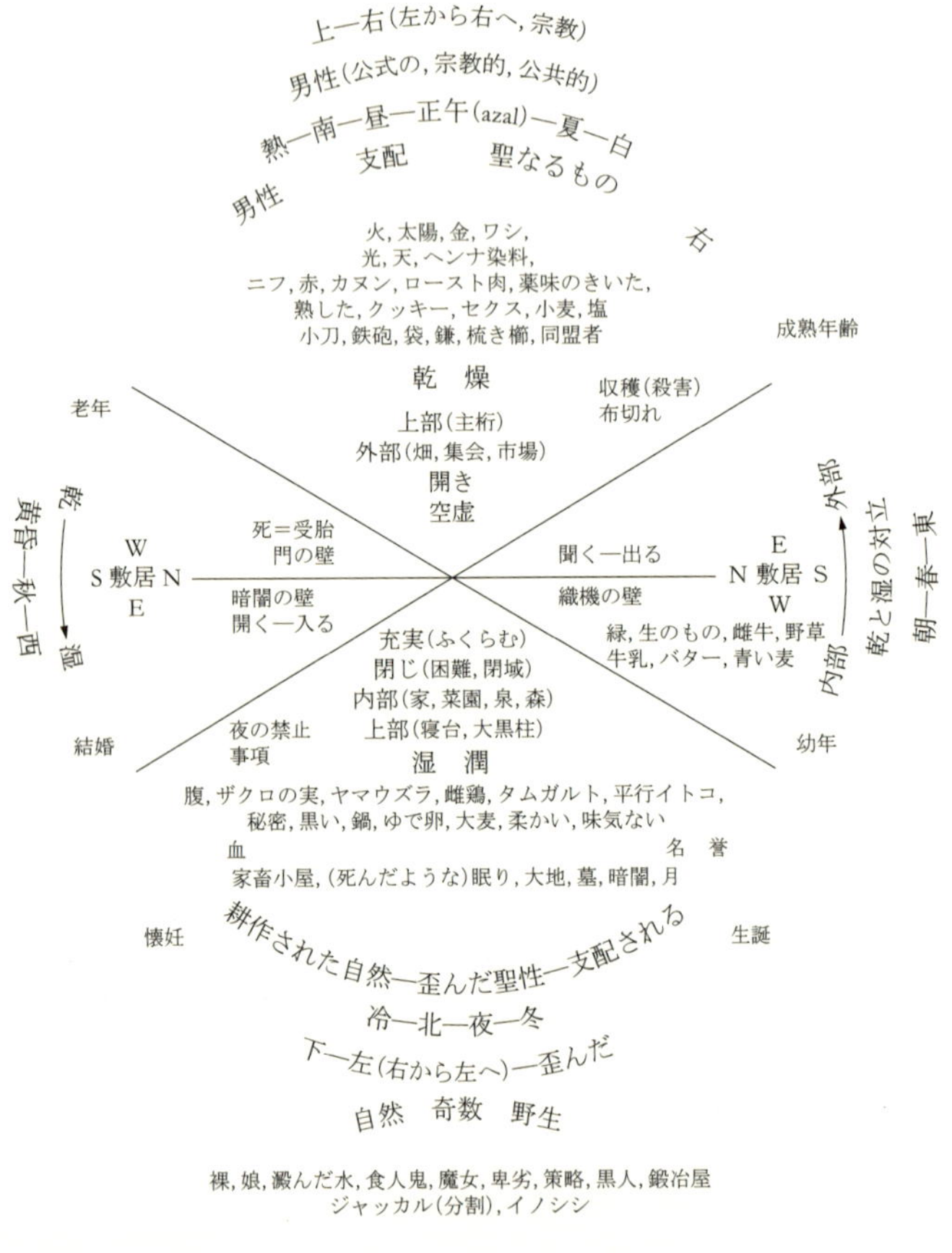

この図式を読むには、垂直方向の対立（乾燥／湿潤、上／下、右／左、男性／女性など）に注目してもよいし、プロセス（たとえば、結婚、妊娠、出産などといったライフサイクルのプロセス、あるいは農事暦のプロセス）、運動（開く／閉じる、入る／出るなど）に注目してもよい。

〔図は、邦訳『実践感覚 2』前掲書、122 頁〕

可分なままだ。とりわけ性的能力の証明——許嫁《いいなずけ》の処女を奪うこと、息子を数多くうませることなど——が、本物の男たる男に期待されている点で、男らしさの倫理と身体は結びついている。だから男根という、つねに隠喩としては存在するけれど、名指されることも、名指されうることもきわめてまれなものが、多産豊穣をもたらす力をめぐるあらゆる集合的幻想《ファンタスム》を集約しているのも納得できる。[11] 出産や割礼や歯が生えたときに食べる揚げ物や菓子とおなじ要領で、男根は「ふくらむ」、または「立ちあがる」。膨張という両義的な図式は、豊穣儀礼の生成原理である。その儀礼は、とりわけ膨張したりさせたりする食べ物の助けを借りて、模倣的に（男根と女性の腹を）ふくらませることを目指すものであり、それが必然の儀礼となるのは、男性能力による受精行為がおこなわれねばならない——たとえば結婚のような——ときであり、また耕作の開始という、大地を開き、豊穣にするという、相似的な行動の機会である。[12]

語の形態論上の連関（たとえばペニスを指す abbuch という語と、その女性形で乳房を指す thabbucht という語のあいだの連関）や、多産豊穣にかかわる一定数の象徴の存在が示す構造的な両義性は、それらの象徴がいずれも、生命の充溢、生命を与える生物の充溢を、異なったかたちで表すものだと考えれば説明がつく（それは乳および乳と同一視される精液によって表される。[13] 男たちが長いあいだ留守にするとき、人びとは——彼らの妻に向かって——、彼らは「お乳の壺、凝乳」と一緒にもどってくるだろう、と言う。また、婚外交渉を派手におこなう男については、「髭にお乳をこぼした」という表現が用いられる。「彼は食べて飲んだ yecca yeswa」という表現は、セックスしたことを意味する。誘惑に抗することは、「胸にお乳をこぼさない」と言う）。おなじような語の形態論上の連関が、卵という女性の生殖の最たる象徴を指す thamellalts と、睾丸を指す imellalen のあいだにも見られる。ペニスはふたつの卵を温める唯一のオスだとも言う。おなじような連関が、精液を指す語、zzel、とりわけ laâmara にも見られる。後者は、その語源——aâmar、満たす、繁栄するなどという意味——から、充溢、生命に満たされたもの、生命で満たすものを喚起する。というのも、満たすという図式（充溢／空虚、生殖能力がある／ないなど）は、豊穣儀礼の発生において、かならず膨張の図式と組み合わされているからである(14)。

男根の勃起を、あらゆる自然の繁殖プロセス（発芽、胚胎など）に内在する膨張という生命の動態と結びつけることによって、生殖器官を社会的に構築する作用は、異論の余地のない自然な特質のいくつかを、象徴的に登録し追認することになる。生殖器官の社会的構築は、そうやって社会的規範《ノモス》の恣意性を自然《フュシス》の必然性へと変えてしまう一因となる。おなじような原因となるメカニズムはほかにもあるが、なかでも間違いなくもっとも重要なのは、すでに見たとおり、それぞれの関係（たとえば充溢／空虚）を、相似的で相互接続された関係のシステムに挿入するメカニズムである。（このような、客観的でとりわけ宇宙的・生物学的なプロセスの象徴的な公認の論理は、どんな神話儀礼的システムにおいても作用している——たとえば、種の発芽が復活という出来事として扱われることがあるが、それは、祖父とおなじ名前の孫を祖父の生まれ変わりだと認めることに相似している。この論理は、神話儀礼的システムに、ほぼ客観的な根拠を与え、それによってこのシステムへの信用にもおなじような根拠を与え、この信用は、この論理に誰もが賛成することにより強化されることになる。）

支配される側の人びとが、自分たちを支配するものに対して、支配の産物である図式を適用するとき、言いかえれば、被支配者の思考と知覚が、被支配者に押しつけられている支配関係の構造そのものに一致したかたちで構造化されるとき、被支配者の認識の行為は、不可避的に追認の行為、従属の行為となる。しかし、自然世界の現実ないしプロセスと、それらに適用されている〈ものの見方と分け方の原理〉とのあいだにどれほど密接な照応関係があったとしても、世界の事物の意味、とりわけ性をめぐる現実の意味については、つねに認知的闘争の余地がある。というのも、意味が完全に決定しきれないいくつかの対象については、対立するような解釈も許されており、象徴的な押しつけの効果に抵抗する可能性が被支配者たちに与えられているからである。だからこそ女性は、支配的な知覚図式（上／下、固い／柔らかい、まっすぐ／曲がっている、乾燥／湿潤など）によって、自分の性器についてきわめて否定的なイメージを抱くよう仕向けられているにもかかわらず[15]、まさにそうした支配的な知覚図式に依拠して、男性の性器を、垂れ下がるふにゃふにゃした活力のないものとの類推で考えることができるのである（laâlaleq, asaâlaq という語は、たまねぎや串に刺した肉を指すためにも用いられ、また

acherbub という語は、老人のふにゃふにゃした活力のない性器を指し、しばしばぼろ切れを指す ajerbub という語と結びつく[16]。女性はまたおなじやり方で、男性器の小さくなった状態に乗じて、女性器の優越性を主張することすらできる――こんな古い言い回しがある――「あなた、すっかりあなたの装備（laâlaleq）は垂れ下がっている、と女が男に言う、でも私はぴったりくっついた石だ[17]」。

このように、性器の社会的定義は、直接に知覚される自然な特性を単純に登録したものではまったくなく、ある方向性を持った一連の選択と引き換えに成り立つ、あるいはむしろ、特定の差異の強調や特定の類似の無意識的な排除をとおしておこなわれる構築の産物なのである。マリ＝クリスティーヌ・プーシェルが中世の外科医の著作のなかに発見した、反転した男根としての膣の表象は、肯定的なものと否定的なもの、表と裏にかかわるおなじ基本的な対立にしたがっている。そうした対立は、男性原理がすべての基準として認められるとすぐ必然化するのである[18]。このように、男と女がおなじ生理機能のふたつのヴァリエーション、優れたほうと劣ったほうと見なされていることを知ると、ルネサンスまで女性の性器を詳細に記述する解剖学用語がなかったことに納得がいく。女性の性器は男性の性器とおなじ器官から成り立ち、ただ別のしかたで構成されているだけだと思われていたのである[19]。また、イヴォンヌ・クニビレールが示すとおり、十九世紀初頭の解剖学者たち（とりわけヴィレー）が、モラリストの言説をひきついで、内と外、感性と理性、受動性と能動性という伝統的な対立の名において彼らが女性に割り当てていた社会的地位を正当化するような根拠を、女性の身体のなかに見つけようとしていたことにも納得がいく。[20] さらに、トマス・ラカーが語っているようなクリトリスの「発見」の歴史をたどり、[21] それをフロイト理論における女性の性感帯のクリトリスから膣への移行という説まで延長してみるだけで、次のことをすっかり得心させられるだろう。つまり、男性と女性の性器の目に見える違いが〔性的差異を〕創設する役割を担うといわれるときがあるが、まったくそうではなく、そうした違いは社会的に構築されたものであり、その社会的構築の原理は、男性中心的な理性の分割原理のなかにある。そして男性中心的な理性そのものが、男性と女性に割り当てられた社会的地位の分割にもとづいているのだ。[22]

性器の知覚を構造化し、それ以上に性行動の知覚を構造化する図式は、身体そのものにも適用される。男性女性にかかわらず、身体には上と下がある――というのも、ベルトが境界線のしるしになっているからである。ベルトは、囲い込みのしるしであり（ベルトないし帯をきつく締め、それをほどかない女性は、貞淑で貞節であると見なされる）、少なくとも女性にとっては、純粋なものと不純なもののあいだの象徴的な境界である。

ベルトは、胸の前で組んだ腕、閉じられた両足、結び目のある衣服などとおなじく、女性の身体の閉鎖を示すしるしのひとつであり、多くの分析者が示したとおり、今日の欧米社会でもなお女性たちはベルトをして当然と見なされている。[23] ベルトはまた、膣を守る聖なる防壁の象徴でもある。

膣は、社会的に聖なる対象として構成され、したがって、デュルケームの分析のとおり、回避と接触に関する厳密な規則に従っている。これらの規則は、聖別化された〔認められた〕接触の条件、つまり正当な行為者・時機・行為と、そうではない冒瀆的なものを厳密に決定する。とりわけ婚姻儀礼において顕著となるこれらの規則は、今日のアメリカ合衆国で、男性医師が膣の検査をおこなわねばならない状況でも見受けられる。婦人科での検査が潜在的にもちうる性的意味合いをすべて象徴的かつ実践的に中和するかのように、医師は、公的な人格と膣とのあいだの防壁、ベルトによって象徴される防壁を維持しようとする正真正銘の儀式にしたがうのであり、公的な人格と膣は、けっして同時に知覚されることがない。最初に医師は、ひとりの人間に差し向かいで声をかける。つぎに、看護婦の立ち会いのもと、検査を受ける人が服を脱ぐと、医師は、患者が横になり上半身をシーツで覆われた状態で、いわば人格とは切り離され、モノの状態に還元された膣を、看護婦の立ち会いのもとで検査し、看護婦に向かって所見を述べ、患者のことは三人称で話す。最後、第三段階では、彼のいないところで女性患者が服を着直したあと、医師はふたたび女性患者に話しかけることになる。(24) いうまでもなく、膣が物神《フェティッシュ》として構成され、聖なるもの・秘密のもの・タブーとして扱われつづけているからこそ、今なお売春は、共同意識においても法律の文言においても、忌避すべきものとしての烙印《スティグマ》を押されている。両方の領域において、女性が売春をひとつの仕事として選択することは除外されているのである。(25) 金銭を介入させることにより、ある種の男性的なエロティシズムは、快楽の追求を、身体（モノの状態に還元された）に対する権力の乱暴な行使と、法を侵犯する冒瀆行為とに結びつける。法によると、身体というものは（血液とおなじく）、純粋に無償の、暴力の中断を前提とした献上行為によって贈与することしかできない〔売ることはできない〕とさ

れているからである。(26)

身体には前と後がある。前は、性的差異の場であり、後は、性的に分化〔差異化〕しておらず、潜在的に女性的、つまり受動的な、従属したものである。そのことは、同性愛に対する、しぐさや言葉づかいによる地中海特有の侮辱のしかた（とりわけ有名な「名誉の腕」と呼ばれるしぐさ〔左手を右ひじの内側において右腕を上方に勢いよく曲げる〕）を思い起こせばわかる。(27)身体には、公的な部分、顔、額、目、髭、口、自己提示のための高貴な器官があり、そこには社会的アイデンティティと面目、カビリアでいうnifが集中している。面目を保つには、他人に対峙し〔フランス語では「額を向けるfaire front」という〕、その顔を見なければならない。身体の私的な部分は、隠されているか恥ずべき部分であり、名誉はその隠蔽を命じる。男根とロゴスのあいだに（精神分析がいうような）つながりができるのもまた、身体の正統な使用法をめぐる性的な分割を媒介としてである。身体の上部、男性的な部分を公的に能動的に使用すること――〔額を向けて〕対峙すること、面と向かい合うこと（qabel）、顔や目を見ること、公の場で発言すること――は、男性の専有権である。女性は、カビリアにおいて公の場から遠ざけられており、みずからの眼差しや言葉を公的に使用することをほとんど諦めねばならない（女性は公の場では、目を足下に伏せて歩く。女性にふさわしい唯一の発言は「わかりません」であり、男らしい発言の対極にある。こちらは、決定的で断定的な明言で、同時に熟慮の上に発せられた節度ある言葉でもあるのだ(28)。

性行為は、ふたつの対立する原理——鋤《すき》の刃と畝《うね》溝、天と地、火と水など——のあらゆる結合形態を生みだす根源的な母型に見えるかもしれないが、にもかかわらず、性行為それ自体は、男性性の優位という原理にそって考えられている。両性の対立は一連の神話儀礼的な対立に組み込まれている。高／低、上／下、乾燥／湿潤、熱／寒（欲情した男性については、「彼の器 kanoun が赤くなっている」「彼の鍋が燃えている」「彼の太鼓が暖まっている」という表現があり、女性は、「火を消し」たり、「涼しさを与え」たり、「飲み物を与え」たりする力があるという言い方をする）、能動／受動、動／不動という対立である（性行為は、上の部分が動き、下の部分が動かず地面に固定されている石臼や、行ったり来たりする箒と家との関係に喩えられる(29)）。その帰結として、正常な体位と見なされているのは、論理的に、男性が「上をとる＝優位に立つ」体位である。膣が不吉で呪わしいと考えられるのは、おそらく空虚と見なされ、さらには男根の否定的な反転物だと見なされるためだろうが、それとおなじように、女性が男性の上に乗るような性交の体位は数多くの文明において、はっきりと断罪されている(30)。しかも、カビリアの伝承は、何かの起源や理由を説明したり正当化したりする言説にとぼしいにもかかわらず、ある種の起源神話を持ち出して、性別による分業における両性の位置の割り当てを正当化し、生産と生殖にかかわる性別による分業をとおして、社会秩序全体と、さらには宇宙秩序における、両性の位置の割り当てを正当化しているのである。

「最初の男が最初の女と出会ったところは泉（tala）であった。女が水を汲んでいると、男は偉そうに近づいてきて、飲ませろと言った。しかし先着は女のほうであり、女もまた喉が乾いていた。不満な男は女を押しのけた。女は足を踏み外し、地面に倒れた。そのとき男は女の太腿を目にした。それは男の太腿とは違っていた。男は驚いて茫然としていた。女のほうが狡猾で、男に多くのことを教えた。『寝ころびなさいよ』と女は言った。『あんたについてるものがなんの役に立つか教えてあげるから』。男は地面にからだをのばした。女はペニスを愛撫して二倍の大きさにし、上に寝た。男は大きな快楽を感じた。男はおなじことを繰り返すために、女の行くところどこへでもついていった。というのも女のほうが男より多くのことを知っていたからだ、たとえば火をつけることなどを。ある日、男は女に言った。『おれだっておまえにみせてやりたいよ、おれにもいろいろできることがあるんだって。横になれよ、おれがおまえの上に寝るから』。女は地面に横になり、男が女の上に乗った。男はいつもとおなじ快楽を得て、それから女に言った。『泉では［支配するのは］おまえだ。家ではおれだ』。男の心のなかでは、大事なのはいつも最後に言ったことなので、それからずっと男たちは女たちの上に乗るのを好むようになった。こうして男たちがいちばんになり、彼らのほうが支配しなければならなくなったのである。[31]」

社会弁護論を提示しようとする意図が、ここでは率直に表明されている。創設神話は、男性原理の支配する社会秩序として了解されている文化の起源そのものにおいて、自然と文化のあいだ、自然における「性」と文化における「性」のあいだに、構成的な〔基本的な法となる〕対立を制定する（この対立は事実上、こうした文化を正当化するための理由のなかに、たとえば泉と家との対立をとおして、すでに組み込まれている）。泉という、女性的な場所の最たるところでおこなわれた無規範な行為、そして生まれつき性愛のことに詳しい、邪《よこしま》な手ほどきをする女性に対立するものとして、規範《ノモス》に従属した行為、家庭的で飼いならされた行為、男の要望により、ものごとの秩序と社会秩序および宇宙的秩序の基本序列とに則って、家という場で実行された行為がある。家は、文化になった自然の宿る場であり、男性原理の女性原理に対する正統な支配の場であり、この支配を象徴するのが、垂直の柱（thigejdith）という、天に向けて開かれた女性の股に対する主要な梁（asalas alemmas）の絶対的な優位である(32)。

上か下か、能動的か受動的かという平行的な二者択一によって、性行為は支配関係として描かれる。性的に所有すること、フランス語でいう « baiser » ないし英語の « fuck »〔ともに性行為をさす俗語〕とは（みずからの権力に従属させるという意味で）、支配することであるが、それはまた、だますこと、つけいること、あるいはフランス語の « avoir »〔「所有する」という意味の基本動詞〕の口語表現が意味するとおり、「ものにすること」でもある（それに対し、誘惑に抗するとは、だまされないこと、「ものにされないこと」である）。男らしさの表明は（正統であってもなくても）、名誉をもたらす武勲や偉業の論理のなかに位置づけられる。性的な侵犯は、どんなに些細でもきわめて重大な意味を持つため、おおっぴらな挑発は禁止されているのだが、誰かが男らしさを体現することは、ほかの男性たちに対し、男性として完全かどうか証明するよう間接的に挑発することになる。男性の性生活は、カビリアよりも地中海沿岸の別の地域とさらに外の地域において好んで表明されるが、こうした間接的な挑発には、男性の性生活に関する闘争的な見方の原理が含まれているのである。

性行為の政治社会学というものがあるとすれば、それは、支配関係のつねとして、両性にとっての〔性行為の〕実践と表象がまったく対称的ではないことを明らかにするだろう。対称的でない理由は、ただ女子と男子が、今日の欧米社会にいたるまで、恋愛関係についてきわめて異なった視点をもち、男性はそれを征服の論理で考えがちである（とりわけ友人同士の会話では、女性を征服したという自慢話が大きな位置を占める）からだけではない。[33] それだけでなく、性行為それ自体が、男性にとっては、支配、我有化、「所有」の形式と見なされているからである。そこから、男性と女性が性生活に期待しがちなものにずれが生じる――さらには、誤解も。誤解は、ときにわざと曖昧な、あるいは勘違いを招くような「合図」についての間違った解釈と結びついているが、それは期待のずれの帰結である。女性は社会的に、性生活を情愛のたくさんつまった親密な経験として生きるような準備をさせられていて、その経験はかならずしも挿入をふくまず、広い種類の活動をまとめうる（話す、さわる、なでる、抱きしめる、など）。[34] そうした女性とは異なり、若い男性は、性生活を「細分化」し、挿入とオルガスムに向かう攻撃的でとりわけ肉体的な征服行為と見なしがちである。[35] もちろん、この点についてもほかの点についてとおなじく、社会的な地位、[36] 年齢――それから過去の経験——に応じて著しい偏差があるのはいうまでもないが、一連のインタビューから引き出せる帰結として、一見すると対称的な実践（たとえばフェラチオとクンニリングス）が、男性と女性にとってはきわめて異なった意味合いを帯びる傾向がある（男性は、従属や快楽が得られることを通して、そこに支配行為を見がちである）。男性にとっての快楽とは、かなりの部分で、女性の快楽から得られる快楽であり、快楽を得させることのできる力から得られる快楽である。したがって、キャサリン・マッキノンが、「偽りのオルガスム」（faking orgasm）とは、両性の相互行為を男性の見方に適合させる男性的な権力の典型的な証拠であると考えているのはおそらく正しい。男性は女性のオルガスムに、みずからの男らしさの証明と、従属という最高の形式によってもたらされる快楽を期待しているのである。[37]おなじように、セクシュアル・ハラスメントは、性的所有のみを追求しているように見えるが、かならずしもつねにそれを目的としているわけではない。端的に所有すること、つまり純粋状態にある支配の純粋な表明を目的としている場合もあるのだ。[38]

性的関係が社会的な支配関係として現れるのは、それが、男性的なもの（能動的なもの）と、女性的なもの（受動的なもの）とのあいだの基本的な分割原理を通じて構築されているからであり、また、この原理が欲望を創造し、組織し、表現し、方向づけるからである。男性的欲望は、所有の欲望、性的快楽と結びついた支配として、女性の欲望は、男性支配への欲望、性的快楽と結びついた従属、さらに究極的には、支配に対する、性的快楽と結びついた容認として、創造、組織、表現され、方向づけられる。同性愛関係のように、相互性が可能な場合は、性と権力の関係がとりわけはっきりと明らかになり、性的な関係において担われる位置と、とりわけ能動的か受動的かという役割が、〔おたがいの〕社会的条件のあいだの関係と切り離せず、社会的条件がそうした位置と役割の可能性と意義とを同時に決定づけていることが見えてくる。男性挿入という行為は、特に男性を相手におこなわれる場合、支配欲の表明のひとつである。男性的リビドーにおいて、支配欲が完全に不在なことはけっしてない。知られているとおり、多くの社会において、同性愛的な所有は「権力」の現れ、支配行為と見なされている（そうしたものとして、場合によっては、相手を「女性化」することでみずからの優越を明確にするためにおこなわれる）。それゆえ古代ギリシアでは、男性が挿入を蒙った場合、名誉を失い、十全たる男子の資格・市民資格を奪われることになり[39]、古代ローマでは、市民が奴隷とのあいだに「受動的な」同性愛関係を結ぶことは「おぞましい」ことだと見なされていたのである[40]。おなじように、ジョン・ボズウェルによると、「挿入と権力は、男性の支配エリートのみにゆるされた特権に数えられていた。挿入に身を委ねることは権力と権威の象徴的な放棄だった[41]」。このように性と権力を結びつける観点からすると、男にとって最悪の屈辱とは、女に変えられることだとわかる。ここで、わざと女性化を目的とした責苦をうけた男性たちの証言を喚起してもよいだろう。とりわけ性的な侮辱を受けたり、自分の男らしさを冗談の種にされたり、同性愛者だと糾弾されたり、あるいはただ単に女性であるかのように行動しなければならなくなったことによって、彼らが発見したことがある。それは「たえず自分のからだを意識していること、いつも侮辱や滑稽にさらされていること、そして家事や友達とのおしゃべりに慰めを見出すことが何を意味するか[42]」である。

支配の身体化

身体の、特に性器の社会的定義が社会的な構築作業の産物であるという考えは、人類学の伝統全体に支持され、まったくありふれたものになった。しかし、私がここで解体しようと試みているような、因果関係の反転のメカニズム、社会的構築を自然化するメカニズムは、完全には記述されていないと思われる。じっさい、逆説的なのは、男性と女性の身体の目に見える違いが、男性中心的な見方の実践的な図式にそって知覚され構築されているため、まさにこの違いが、男性中心的な見方の原理に合致した意味づけや価値づけを、いっさいの異論の余地なく完璧に保証するものになるということだ。つまり、男根（またはその不在）が男性中心的な世界観の基盤なのではなく、むしろ男性中心的な世界観が、男性と女性という関係によって定義されるジェンダーの分割にそって組織されているからこそ、男根（男らしさと男性固有の面目（nif）の象徴として構成されたもの）と生物学的な身体の差異とが、両性の差異（序列化されたふたつの社会的本質として構築されたジェンダー間の差異）の客観的な基盤として制定されうるのである。生物学的な生殖の必要性が性別による分業の――そしてしだいに自然社会秩序全体の――象徴的な組織を規定するのではない。反対に、生物学的なもの、特に男性と女性の身体、とりわけ生殖における身体の使用と機能が恣意的に構築されることによって、性にかかわる仕事の分担および性別による分業、さらには宇宙全体に関する男性中心的な見方に、見かけ上は自然な基盤が与えられるのである。男性的な社会弁護論に固有の力は、ふたつの操作を併用し凝縮するところに由来する。すなわち、男性的な社会弁護論は、支配関係を、生物学的な自然のなかに組み込むことによって正統化するのだが、その生物学的な自然自体が、自然化された社会的構築物なのである。

象徴的な構築の作業は、表象を方向づけ構造化するような、厳密な意味で行為遂行的な命名の操作には限られない（表象の最初に挙がるのは身体の表象で、これはきわめて重要だが）。象徴的な構築の作業が完遂され完成するのは、身体（および脳）が根底から変容し、その変容が持続するときである。つまり、どんな身体の使い方が（とりわけ性的に）正統かという点についての、差異化された定義を「各人に」押しつけるような、実践的な構築の作業のなかで、その作業を通してである。差異化された定義は、別のジェンダーへの帰属を示すいっさいのしるしを――とりわけフロイトによればみな「多形倒錯者」である幼児に組み込まれた生物学的な潜在性のすべてを――、考えうるものとおこないうるものの領域から排除し、男らしい男、女らしい女という社会的な人工物を生みだそうとする。この二階級を客観的なものとして成立させる恣意的な規範《ノモス》が自然法則の見せかけをまとう（一般に「自然に反した」性生活とか、まさに今日では「自然に反した」結婚という言い方をする）のは、社会的な支配関係の身体症状化が完了した後にほかならない。曖昧で継続的な社会化の見事な共同作業と引き換えに、その完了後にはじめて、文化的恣意性が制定する示差的なアイデンティティが、支配的な分割原理によってはっきりと差異化されたハビトゥス、その原理にそって世界を知覚できるようなハビトゥスのなかに身体化されるのである。

関係的な存在しかもたない、ふたつあるジェンダーのそれぞれは、理論的であると同時に実践的な、弁別的構築作業の産物である。この作業は、それぞれのジェンダーを、反対のジェンダーに対し（文化的に妥当するあらゆる観点からみて）社会的に差異化された身体として、つまり男らしいゆえに女性的ではないハビトゥス、あるいは女性的であるゆえに男性的ではないハビトゥスとして、生みだすのに必要である。こうした身体の社会的構築をおこなう強い意味での形成、〔ドイツ語で言う〕Bildung の作用は、厳格で明示的な教育活動というかたちをとることがあるが、それはごく一部である。その大部分は、男性中心的な分割原理によって全体が組織された社会的物理的秩序のうみだす、行為者不在の自動的な効果なのである（それがきわめて強力な支配をおよぼすことは、この点から説明がつく）。ものごとに組み込まれている男性秩序は、集団的・私的な儀礼ないし分業のルーチンに含意されている暗黙の命令を通して、身体にも組み込まれている（たとえば、男性専用の場から排除されているせいで、女性が余儀なく回避行動をとらされているのを思い浮かべてみればよい）。物理的秩序と社会的秩序の規則性は、もっとも高貴な仕事（たとえば鋤の使用）から女性を排除し、低い位置（道や土手の端）を女性に振り分け、姿勢のとり方（たとえば尊敬すべき男たちの前では背をかがめ、胸の上で手を組むこと）を女性に教え、つらく卑しくつまらない仕事を女性に割り当て（女性は肥料を運び、オリーヴの実を摘むときには、男が棹をあやつるあいだ、子供と一緒に実を拾う）、そしてより一般的に、〔男性優位という〕基本前提にそった方向で生物学的な差異を利用することによって、〔男女それぞれの〕性向を押しつけ、教え込む。こうして生物学的な差異は、社会的な差異の基盤にあると見られるようになるのである。

長い系列をなすさまざまな無言の警告のなかで、制定儀礼は、荘厳で常ならぬ〔常時の外にある〕性格ゆえに、特別な位置を占めている。その目的は、動員された共同体全体の臨席のもと、その共同体の名において、ある聖別をおこなう分離の制定である。それは通過儀礼という概念から考えられるのとは違い、弁別的な〔卓越の〕しるしをすでに受け取った者と、若いためそれをまだ受け取っていない者とを分けるだけではなく、とりわけ社会的にそのしるしを受け取るに値する者とそこから永遠に除外されている者、すなわち女性とを区別するものでもある。[43] あるいは割礼という、男性性の制定儀礼の最たるものの場合、男性たちは儀礼によって男らしさを聖別されると同時に、男らしさを行使するための象徴的な準備をおこなうが、女性たちはイニシエーションを受けられる状態にはない。女性は、男らしさを認定する儀礼の機会と媒体をなすもの〔男根〕を自分が持たないことに否が応でも気づかされる。

こうして、神話的言説によって結局はかなりナイーヴに表明されていることを、制定儀礼はいっそう狡猾でおそらくより象徴的な有効性をもつやり方で達成する。しかも制定儀礼は、男性であれ女性であれ、各行為者における外的なしるしのうち、その性的差別化の社会的定義にもっとも端的に一致しているものを強調し、みずからの性に適した慣習行動をうながしつつ、とりわけ異性との関係における不適切な振舞をする気をそいだり禁じたりするような、一連の差異化の操作のなかに組み込まれている。たとえば、いわゆる「分離儀礼」の場合がそうである。分離儀礼は、男児を母親から自立させ、外界と対峙するよう促してその準備をさせながら、次第に男性化を確実にする役割をもつ。じっさい、人類学的な調査が明らかにしたところによると、ある種の精神分析的な伝統にしたがって[44]、男児が母親との原初的なほぼ共生の状態から身をひきはがし、みずからの性的なアイデンティティを確立するために達成しなければならない心理的な仕事は、わざわざ明示的に、グループによって随伴され組織されてすらいる。グループは、男性化に向けた一連の性的な制定儀礼と、より広くは通常生活のなかで〔性別に応じて〕差異化され〔両性を〕差異化する慣習行動のすべて（男の子向けのゲームやスポーツ、狩猟など）において、母性的な世界との断絶を促す。女児は（不幸な「寡婦の息子」とおなじように）、そうした断絶を免除されている——だから女児は母親との一種の連続性のなかで生きていくことができるのである[45]。

男性的なものにおける女性的な部分（メラニー・クラインはまさにこの部分を、儀礼が実現する操作とは逆の操作によって回収することを精神分析に求めていたのだが）を否定し、母親、大地、湿潤、夜、自然に対する絆と愛着を廃止しようという客観的な「意図」が現れるのは、たとえば男児の最初の断髪のような「ennayer〔一月〕の分離」(el âazla gennayer) と呼ばれるときに実行される儀礼と、男性世界の敷居を通過したことをしるしづけるような、割礼を頂点とするあらゆる儀式においてである[46]。男児を母親から切り離そうとする行為――火で作られ、切断（および男らしい性）を象徴するのに適した物、つまりナイフ、短剣、鋤の刃などを使った行為をいちいち挙げていくときりがない。たとえば、出生後、男児は母親の右側（男性側）に寝かされ、母親もまた右脇を下にして横になり、ふたりのあいだには、男性的なモノの典型が置かれる。梳毛用の櫛、大きなナイフ、鋤の刃、かまどの石のなかのひとつなどである。おなじく最初の断髪の重要性は、髪の毛という女性的なものが、男児を母性的な世界につなぎ止める象徴的な絆のひとつであることに関係する。この最初の断髪を、剃刀《かみそり》という男性的な道具で、「ennayer の分離」の日と、はじめて市場に入る直前、つまり六歳と十歳のあいだにおこなうのは父親の役目である。男性化（ないし脱女性化）の作業は、ひきつづき、市場への最初の入場という、男性の世界、面目と象徴的闘争の世界への参入の機会におこなわれる。男児は、新しい服をまとい、絹の鉢巻をして、短剣と錠前と鏡を受けとり、母親は息子のバーヌース〔フードつき外衣〕のフードのなかに生卵を入れる。市場の門で、男児は卵を割り、錠前を開ける。これは処女を奪うという男らしい行為である。そして、鏡で自分の姿を見る。鏡は、敷居とおなじく反転の装置である。父親が男児を市場という男性だけの世界へと導き入れ、ほかの男たちに紹介する。帰路、男たちは、牛の頭を買う。それは――角ゆえに――男根の象徴であり、

nifと結びついている。

このような心身相関的な作業は、男児に適用された場合には、男児のうちに――「寡婦の息子」の場合のように――残りうる女性的なものをすべて取り除き、男児を男性化しようとするが、おなじ作業が女児に適用された場合は、よりラディカルな形式をとる。女性というものが否定的な実体として構成され、ただ欠如によってのみ定義されているため、女性の美徳そのものが二重の否定によってしか肯定〔確立〕されえない、つまり悪徳の否定ないし超克として、あるいは、ほかと比べればましな悪としてしか肯定〔確立〕されえないのである。結果として、社会化の作業はすべて、女性に限界を押しつける傾向がある。限界はすべて身体にかかわり――こうして身体は聖なるもの、h'aramとして定義される――、身体的な性向のなかに組み込まなくてはならない。たとえばカビリアの若い女性は、服の着方、つまり少女・結婚適齢期の処女・妻・一家の母という状態の変化にあわせて異なる服装を身に着けることを学びつつ、また無意識的な模倣と意図的な従属によって徐々に、正しい帯の結び方や髪の結い方、歩くときにからだのどの部分を動かしどの部分を動かさないのか、顔をどう見せ、目をどこに向けるかを学ぶことによって、女性的な礼儀作法、身体と道徳を切り離せないような行儀の基本原則を内面化していた。

こうした学習は、大部分が暗黙のうちに進められて、いっそう有効になる。女性の道徳は、とりわけたえまない規律をとおして強いられる。規律は身体のあらゆる部分にかかわり、服装と髪型の制約をとおして間断なく思い出され、守られる。このように、男性のアイデンティティと女性のアイデンティティにかかわる正反対の原則は、身体の使い方、姿勢のとり方のような恒常的な作法という形式で〔身体に〕組み込まれる。こうした作法は、ある倫理の現実化、さらにいうなら、自然化のようなものである。男性の名誉に関わる道徳は、インフォーマントたちが何度も繰り返した qabel という語、面と向かう、顔を見るという意味の語と、この語が示すまっすぐな姿勢（われわれの軍隊でいうところの「気をつけ」）という、実直さの証とに要約されうる。(47) おなじように、女性的な従属を自然に翻訳したものに見えるのは、お辞儀をし、体勢を低くし、身をかがめ、自分を相手よりも下に置く（「優位に立つ＝上手に出る」のとは反対の）行為である。というのも、曲線を描くしなやかなポーズと、それに相関する従順さが、女性にふさわしいとされているからだ。基本教育が叩き込もうとするのは、からだ全体、あるいはしかじかの部分（たとえば右手は男性的で、左手は女性的）をつかう作法、歩き方、頭や視線の向け方（正面を向く、相手と目をあわせる、あるいは逆に足下を向くなど）であり、これらの作法は、特定の倫理・政治・宇宙論を孕んでいるのである。（われわれの倫理のすべては、そしていうまでもなく美学もまた、高い／低い、まっすぐな／曲がった、固い／しなやかな、開いた／閉じたなどの、基本形容詞の体系のなかにおさまる。これらの形容詞の大半は、身体やしかじかの部分の位置や性向も示す――たとえば「額を高く」、「頭を低くして」など。）

カビリアの女性に課された従属的な姿勢は、今日なお女性たちが合衆国でもヨーロッパでも強いられている姿勢の極限であり、多くの観察者が指摘したように、いくつかの絶対命令にもとづいている。微笑むこと、目を伏せること、言葉をさえぎられても抵抗しないことなどである。ナンシー・M・ヘンリーは、空間の占め方、歩き方、しかるべき身体の姿勢のとり方が女性にどのように教えられているかを明らかにした。フリッガ・ハウクもまた（幼年時代を喚起し、集団でそれを論議し解釈するメモリー・ワークと呼ばれる方法によって）、身体のさまざまに異なる部分に結びついた感情を浮かびあがらせようと試みた。背筋はまっすぐにしていなくてはならない、おなかは引っ込めなくてはならない、足は開いてはならないなど、どの姿勢も道徳的な意義を帯びている（股を開いた姿勢は下品であり、おなかが出ているのは意志の欠如を示すなど）[48]。あたかも、女性らしさというものが、「自分を小さくする」ことがどれくらいできるかを尺度にしているかのように（ベルベル語では、指小辞が女性形のしるしである）、女性たちはある種の見えない囲いに閉じ込められている（ヴェールはその目に見える現れにすぎない）。その囲いは、女性の身体の動きと移動が許されたテリトリーを限定する（それに対し男性は、自分の身体で、とりわけ公的空間において、もっと広々と場所をとることができる）。こうした種類の象徴的囲い込みは、実質的に女性たちの服装によって確保されるものだ。女性の服装は（時代を遡ればさらに見やすいが）、身体を隠す効果とおなじく、規律にたえず従わせる効果も持っている（スカートは聖職者の法衣と完全に類似した役割を果たすのだから）。しかも、そのために何ら明示的に規定したり禁止したりする必要はない（「わたしは母から、股を開いてはいけませんと言われたことは一度もありません」。というのも女性の服装は、ハイヒールや手元をいつもふさぐバッグや、とりわけ（走る、いろんな座り方をするといった）あらゆる種類の活動を禁じ、する気にもさせないスカートのように、さまざまなかたちで動きを制約するか、あるいは短すぎるスカートの裾をたえず引きおろしたり、開きすぎた胸元を手で覆おうとしたり、両膝を閉じたままで物を拾うために曲芸じみた真似をしなくてはならない若い女性に見られるように、たえず注意を払わなければ活動できないようになっているからである[49]。こうした身体の使い方にかかわる作法は、女性にふさわしい道徳的な行儀と慎み深さとにきわめて深く結びついているため、まるで女性の意志とは無縁であるかのように、服装に強制されなくなったときですら、女性にとって当然のものであり続ける（たとえばローヒールでパンタロン姿のときにも小股で早足に歩く若い女性がいる）。また、リラックスしたポーズや姿勢、椅子の上で身体を揺らすこと、机の上に足をのせることは、ときに男性――地位の高い――が権力の証明として、あるいはおなじことだが自信の証明としてとる行為であり、女性にとっては、そうすることなど本当の意味で思いもよらないのだ[50]。

今日ではかなりの数の女性が伝統的な慎み深さの規範と形式を捨て去っていると反論したり、女性が制御しつつ身体を露出させている点に「解放」の指標を見たりする人もいるかもしれない。こんな反論に対しては、そうした女性自身の身体使用が、いうまでもなく男性の視点に従属していることを示せば充分だろう（今日のフランスで、半世紀のフェミニズム運動のあとでもなお、広告が女性をどのように利用しているかを見れば、それがよくわかる）。他人にささげられていると同時に拒まれている女性の身体は、象徴的な使用可能性〔他人に使われる準備ができている状態〕を示している。数多くのフェミニストの研究が明らかにしたように、女性にふさわしいとされるその状態は、ひとをひきつけ誘惑する能力（男性も女性も周知し公認しており、女性の依存相手や交際相手となる男性たちの名誉となる能力）と、ひとを選んで拒否する義務との組み合わせである（この義務のおかげで「顕示的消費」の効果に独占の価値が付け加わる）[51]。

このように、社会秩序の本質をなす諸分割、より正確に言うと、ジェンダー間に制定された社会的な支配関係および搾取関係は、対立し補完しあう身体的な性向《ヘクシス》と、男女の対立に還元できる諸区別にそって世界の全事物と慣習行動を分類させる〈ものの見方と分け方の原理〉というかたちをとり、ふたつの異なるハビトゥス階級のなかに徐々に組み込まれる。男性たちは、屋外、正式、公共、直線、乾燥、高さ、不連続のがわに位置づけられる。短く危険であると同時に人目を引く行為、牛の喉をかき切ること、耕作や刈入、そしていうまでもなく殺人や戦争のような、生活の通常の流れに断絶をしるすあらゆる行為を遂行するのは男性たちの役割である。反対に女性たちは、屋内、湿潤、低さ、曲線、連続のがわに位置づけられているため、あらゆる家事を割り当てられる。つまり私的で隠れた、さらには目に見えない恥ずかしい仕事、たとえば、子供や家畜の世話である。また神話的な理由で女性たちに振り分けられた屋外での仕事、すなわち水、草、緑にかかわる仕事（たとえば草取りや庭いじり）、乳、森にかかわるもの、そして特に、このうえなく汚く単調でしがない仕事もしなくてはならない。女性たちが閉じ込められている有限世界の全体、村の空間、家、言葉遣い、道具といったものは、どれもおなじように規律の遵守を暗黙のうちに呼びかけているため、女性たちは、神話的な理由によって女性はこうであるとされているものになるしかない。こうして女性たちは、何よりもまず自分自身に対して、低いもの、よじれたもの、小さなもの、とるに足らないもの、浮薄なものなどに身をささげるのは自然なことだと立証してしまうのである。女性たちは、過小評価されたアイデンティティを社会的に割り振られているのに、たえず、そのアイデンティティに自然な根拠があるように見せることを余儀なくされる。男性たちが棹や斧でたたき落としたオリーヴの実や木の枝を地べたにしゃがんで拾うという、長くやりがいのない細かい仕事を引き受けさせられるのは女性たちである。家計の日々の管理という俗な心配事をまかせられ、計算・支払・損得という、名誉を重んじる男であれば無視すべきさもしい仕事をめぐって得々としているように見えるのは女性たちである。（わたしにはこんな思い出がある。子供時代、近所の知り合いの男たちは、朝、豚を殺すにあたって、短いあいだきまって少し見せびらかすような暴力を行使し——逃げ惑う豚の鳴き声、大きな包丁、流れる血など——、それから午後のあいだずっと、ときには翌日まで、のんびりとカード遊びに興じていて、せいぜい重すぎる鍋を持ち上げるくらいだった。そのあいだ家の女たちは、あちこちで、脂身と血の腸詰めや、さまざまな種類のソーセージやパテをつくるために忙しく動き回っていた。）男性たちは（そして女性たち自身も）知らずにいるほかないのだが、支配関係の論理によって、女性たちは、ありとあらゆる否定的な特性を（道徳が厳命する美徳とおなじようなものとして）押しつけられ、教え込まれてしまうのだ。ずる賢さや、もう少し好意的な特徴をとって、直観のような否定的な特性は、支配的な見方によって、女性たちの自然〔本性〕に備わっていることにされているのである。

被支配者たちの独特の明察のとる特殊な形式である「女の直観」と呼ばれるものは、われわれの宇宙そのものにおいても、客観的・主観的従属と不可分である。そうした従属ゆえに、女性は、注意・心遣い・用心・見張りといった、他人が欲望を表明する前に満たしたり、不快なことが起きるのを予感したりするのに必要なことをする気になったり、強いられたりしている。多くの研究が、被支配者たちの、とりわけ女性たちの特殊な明敏さをあきらかにしてきた（それも特に、『女たちのあいだで』でジュディス・ローリンズが喚起した黒人家政婦のように、二重三重に支配されている女性たちの明敏さを）[52]。女性は、男性よりも非言語的な指標（とりわけ口調）に対して敏感であり、言葉以外のかたちで表わされた感情を同定したり、会話のなかの暗黙の部分を解読したりするのがうまい[53]。ふたりのオランダ人研究者がおこなった調査によると、女性は夫について細かい点を多く語れるのに対し、男性のほうは「女性一般」にあてはまるきわめて一般的なステレオタイプを通してしか妻のことを語れない[54]。おなじ研究者たちが示唆しているところによると、必然的に異性愛者として育てられたせいで支配的な視点を内面化している同性愛者たちは、その支配的な視点を自身にも当てはめることがあり（それゆえ同性愛者は一種の認知的不協和を余儀なくされており、評価にかかわる不協和が、同性愛者の特殊な明察性に一役買っている）、支配者が同性愛者の視点を理解する以上に支配者の視点を理解している。

象徴的にみて、女性たちは諦めと慎みをもつことを余儀なくされているため、どんな権力を行使するにしても、強者の力を逆手に取るしかない。あるいは、控えめであることを受け入れ、とにかく自身の権力を否認せざるをえない。なにしろ代理として（黒幕として）のみ行使できる権力なのだから。しかし、リュシアン・ビアンコが中国における農民の抵抗運動について述べた法則によると、「弱者の武器はつねに弱い武器である」[55]。女性が男性に対して用いる象徴的な戦略そのもの、たとえば呪術は、被支配的なものにとどまっている。というのも、女性が用いる神話的な象徴や操作要素からなる装置も、女性の目的（たとえば想いを寄せる男の愛や憎い男の不能）も、原理はまさに女性を被支配者としている男性中心的な見方のなかにあるのだから。こうした象徴的な戦略は、現実に支配関係を転覆するには不充分ながら、女性を不吉な存在とみなす支配的な表象に確証をあたえる効果は少なくとも持っている。そうした女性のアイデンティティは完全に否定的で、本質的にさまざまな禁止事項から成り立っているが、おあつらえ向きに禁止の数だけ侵犯の機会が生まれることになる。とりわけ男性の行使する物理的・象徴的暴力に対抗して女性たちがさまざまなかたちでおこなう、ときにほとんど目に見えないソフトな暴力は、呪術、ずる賢さ、嘘や（特に性行為における）受動性にはじまり、被所有者としての女性が所有欲の強い愛を抱くことにいたるまで、すべてそうした侵犯の好例である。地中海的な母親の愛や母性的な妻の愛は、献身と無言の苦しみを、返礼不可能な贈与または償えない負債として捧げることによって、自分を犠牲者に仕立てながら相手を犠牲者にし、罪悪感を起こさせる。このように女性は、何をしてもつねに自分の悪意の証拠を提示することになり、そのかわりに女性を本質的に不吉な存在と見なす偏見と禁止事項とに正当な理由を与えることを余儀なくされている——ここで作用しているのは本当の意味で悲劇的な論理、つまり支配によって生みだされた社会的現実が、支配の行使と正当化のために引き合いに出される表象の正しさをしばしば裏づけてしまうという論理である。

このように、男性中心的な見方は、まさにこの見方によって決定される慣習行動によってたえず正統化されている。女性的なものに対する好意的でない偏見がものごとのしかるべき秩序のなかに制定されており、女性の性向がその偏見の身体化の産物であるという事実からして、女性はたえず、この偏見の正しさを裏づけることしかできない。この論理は、呪いの論理である。呪いとは、強い意味での悲観的な自己実現する予言、予言の正しさの確認を要求し、予想したことを到来させる予言である。この論理は日常的に両性間の多くのやりとりのなかで働いている。男性たちの性向は、劣った仕事ややりがいのない卑しい手続き（たとえば、われわれの宇宙〔社会〕では、値段を聞く、請求書を確かめる、値下げを求めるなど）を女性にゆだねる、要するに、彼らの考える男性の尊厳と両立しがたいあらゆる行動を放棄するようにしむけるものだが、まさにそのおなじ性向ゆえに、彼らは女性たちの「融通のきかない頭」や「あまりに現実的な卑しさ」を非難し、さらには、女性たちに仕事をゆだねておいて、失敗したらけなすくせに、成功した場合に功績を認めようともしない(56)。

象徴的暴力

こうして男性支配が十全に行使される条件がすべて揃うことになる。普遍的に男性たちに認められている優位は、社会構造と生産・再生産〔生殖〕活動のもつ客観性において肯定〔確立〕される。そうした構造や活動の基盤となる性別による分業が、生物学的・社会学的な生産・再生産〔生殖〕作業のうちの有利な部分を男性に与えるようになっているからだ。男性の優位はまた、あらゆるハビトゥスに内在する図式においても肯定〔確立〕される。類似した条件によって仕上げられ、したがって客観的に調和した図式は、社会の全構成員の知覚・思考・行動の母型として機能する。そうした図式は歴史的な超越項であり(57)、普遍的に共有されているため、行為者ひとりひとりに超越的な図式として課される。結果として、生物学的な再生産〔生殖〕と社会的な再生産についての男性中心的な表象には、ある種の常識のもつ客観性があたえられることになる（ここでいう常識〔共通感覚〕とは、実践〔慣習行動〕の意味に関する実践的な、ドクサとしてのコンセンサスを指す)。しかも女性たち自身が、どんな現実に対しても、特に彼女たちを取り込む権力関係に対しても、まさにそうした権力関係の身体化の産物である思考図式(象徴秩序の基礎となる諸対立において表現される思考図式)を当てはめることになる。その帰結として、女性たちの認識行為は、まさに認識であるがゆえに、実践的な追認行為、ドクサに同意する行為となる。それは信念だが、信念として思考されたり肯定されたりするには、およばない。いわばみずからを対象とした象徴的暴力を「なす」信念なのである。(58)

自分には前もってあらゆる誤解を解く力があると錯覚しているわけではまったくないが、象徴的暴力という観念について一般になされている粗雑な誤読に対する注意だけはしておきたい。そうした誤読は原則としていずれも、程度の差こそあれ「象徴的」という形容詞を限定的に解釈するのだが、わたしはこの形容詞をここで厳密な意味で用いているつもりであり、その理論的基盤はすでに古い論文のなかで提示してある。(59)「象徴的」という語をそのもっとも普通の意味のひとつにそって理解するひとは、ときにこう推測する。象徴的暴力に力点をおくことは、物理的暴力の役割を過小評価することであり、殴られ、強姦され、搾取される女性の存在を忘れる(忘れさせる)ことであり、よりひどい場合には、そうしたかたちの暴力をふるう男性を免罪しようとすることである、と。そうでないことは言うまでもない。「象徴的」という語を「現実的」や「実質的」の反対語だと理解することで、ひとは象徴的暴力とは純粋に「精神的な」暴力であり、結局、現実的な効果を持たないものだと推測する。まさにこうしたナイーヴな区別、初歩的な唯物論に固有の区別を打ち壊そうとして、わたしが何年も以前から構築に努めてきた象徴財の経済に関する唯物論的理論は、支配関係の主観的な経験のもつ客観性を理論のなかに取り込んでいるのである。もうひとつ、民族学への参照にかかわる誤解がある。わたしはここでその発見仮説的な機能を示そうと試みたのだが、科学的な外見のもとで「永遠に女性的なるもの」（または男性的なるもの）の神話を復興させようとしているという嫌疑や、さらに深刻なことに、男性支配の構造を永遠不変のものとして記述することでそれを永遠化しているという嫌疑がかけられるのである。しかしわたしは、支配構造は非歴史的であると主張するどころか、それがたえまない（したがって歴史的な）再生産の作業の産物であることを明らかにしようとしているのであり、その作業にはひとりひとりの行為者たち（物理的暴力と象徴的暴力のような武器をそなえた男性たちを含む）と家族・教会・学校・国家という制度が貢献しているのである。

被支配者は、支配者の視点から構築されたカテゴリーを支配関係に適用する。それにより、支配関係は自然なものに見えてしまう。これは一貫した一種の自己卑下、さらには自己否定へとつながりうる。そのことは、すでに見たとおり、カビリア女性がみずからの性器を欠陥のある、醜い、さらにはおぞましいものとして思い描くところに（あるいは、われわれの宇宙では、多くの女性が自分の身体を、流行の押しつける美的基準に一致しないと見るところに）、そしてより一般的に、女性をおとしめるイメージへの同意のうちに、顕著に見てとれる。[60] 象徴的暴力が制定されるのは、被支配者が否応なく支配者に（したがって支配に）与えずにはいられない同意を通してである。そのとき被支配者は、支配者や自分、より正確には自分と支配者との関係を考えるにあたって、支配者と共有している認識装置しか持ち合わせていないのだが、その認識装置とは支配関係の身体化された形式にほかならないため、支配関係は自然なものに見えてしまう。別の言い方をすれば、そのとき被支配者が自分を知覚し評価する、または支配者たちを知覚し評価するために用いる図式（高／低、男性／女性、黒／白など）は、諸分類の身体化の産物なのだが、被支配者の社会的存在もまた、身体化によって自然化されたその諸分類の産物なのである。

　こうしたしばしば目に見えないソフトな暴力が行使される具体的な状況について、じゅうぶんな数の多様かつ雄弁な事例を、じゅうぶんに洗練されたかたちでは喚起できないので（そのためにはヴァージニア・ウルフのような存在が必要だろう）、わたしはいくつかの指摘をするにとどめたい。それは客観的なので、〔ゴッフマンのおこなったような〕相互行為におけるきわめて些細なものの記述以上に議論の余地なく受け入れざるをえない指摘だ。確認できる事実として、たとえばフランス人女性の大多数は、配偶者に年上の男性、さらにきわめて一貫しているが、自分より背の高い男性を望んでいると答え、三分の二がはっきりと自分より背の低い男性は拒否するとまで言った[61]。このように性的な「序列」をしめす通常のしるしの消滅を見たがらないことは、何を意味しているのだろうか。ミシェル・ボゾンはこう答える。「外見の逆転を受け入れることは、女性のほうが支配しているという思いを抱かせることだが、それは（逆説的にも）女性を社会的におとしめてしまう。というのも女性は価値の下がった男性と一緒にいることで自分の価値も下がったと感じるからだ」[62]。したがって、女性の被支配的な位置を示す外的なしるしを受け入れる点において、女性たちが一般に男性たちと一致している（男性のほうは自分より若い女性を好む）と指摘するだけでは足りない。女性たちは自分の社会的アイデンティティと結びついている（または結びつくことになる）男性との関係を思い描くにあたり、あらゆる男女が（当該のグループにおいて）普遍的に共有している知覚と評価の図式をその男性に適用することで不可避的に思い描くことになる彼のイメージを考慮に入れているのである。こうした共通の原則により、カップルにおいては少なくとも見かけ上、外部に対しては、男性のほうが支配的な位置を占めることが暗黙のうちに議論の余地なく要請される。この事実ゆえ、女性たちは、自身を目に見えるかたちで「超えている」事実のうちに（そしてその事実によって）品位がはっきりと確立され確証されている男性のみを欲し、愛するのである。それは相手の男性のためであり、彼にアプリオリに品位を認め、その品位が普遍的に認められるのを望むからだが、自分自身のため、自身の品位のためでもある。いうまでもなく、このことは計算ずくにではなく、好みという一見すると恣意的な判断を通して生じる。好みは議論の対象にもならなければ理性で統御できるものでもないが、身長と年齢の差に関する希望と現実を観察すれば確認できるとおり、好みが生まれ、満たされるには、〔男性の〕優位を体験するしかない。その優位について、もっとも議論の余地のない誰からもはっきりと認められるしるしは、年齢と体格（成熟度・安心の保証として正当化される）なのである。[63]

性向論的な見方によってのみ理解しうる諸々の逆説を徹底的に考えるには、次のことを指摘すれば、じゅうぶんである。「伝統的な」モデルにもっとも従属しているように見える女性たち――より大きい年齢差を望むという女性たち――は、とりわけ職人、商人、農民、工場労働者という、結婚が女性にとって社会的地位を得るための特権的な手段であり続けているカテゴリーのなかに見られる。あたかも、年上の男性への好みに見られる従属的な性向というものが、客観的な支配構造に結びついた蓋然性への無意識的な調節の産物であるため、正しく理解された自己利益にもとづく計算に相当するものをうみだしているかのようである。反対に、従属的な性向は、客観的な依存の度合いが減少するにつれて弱まる傾向がある――それにおそらくともなう履歴現象効果《ヒステリシス》については、それぞれの女性が占める社会的な地位だけでなく、その軌跡に応じてどのように慣習行動の変異が見られるかを分析すれば把握できるだろう――。[64] 客観的依存は、従属的な性向を生みだし維持するのに寄与している（女性にとって就職の可能性が離婚の可能性の決定的に重要なファクターであることが確認できるのは、性向が客観的な見込みにあわせて調節されるというおなじ論理によって説明がつくのだから）。[65] これで裏づけられそうなのは、ロマンティックなイメージとは逆に、恋愛の好みも、何らかのかたちの合理性（合理的な計算によるわけではまったくない合理性）を免れていないということである。別の言い方をすれば、恋愛はしばしば部分的には運命愛《アモール・ファティ》であり、社会的な宿命への愛だということである。

したがって、こうした特殊なかたちの支配を考えるには、拘束（力によるもの）か賛同（論拠に対するもの）か、または機械的な強制か意志的で自由で意図的でさらには計算された従属かという二者択一を超克しなくてはならない。象徴支配の効果は（その支配が民族、性差、文化、言語などのいずれにかかわる場合でも）、認識する意識の純粋論理においておよぼされるのではなく、ハビトゥスの本質を構成する知覚・評価・行動の図式を通しておよぼされる。そうした図式は、意識の決定や意志の統御の手前で、自分自身をはっきりと認識できないような認識関係の基礎となるものである。(66) このように、男性支配と女性従属とにかかわる逆説的な論理は——女性従属とは自発的であり引き出されたものであると同時に言っても矛盾にはならない——、社会秩序が女性たち（そして男性たち）におよぼす持続的な効果、すなわち人びとの性向がこの社会秩序に自発的にあわせていること、そうした性向がこの論理によって人びとに課せられていることを確認してはじめて理解できるのである。

象徴的な力というのは、直接、魔法のように、いっさいの物理的拘束の外で身体に行使される権力の一形式である。しかしこの魔法は、ちょうどバネのように、身体の奥底に仕込まれた性向を拠りどころとしてはじめて作用する。(67) この魔法が、まるでスイッチが入ったかのように、すなわちきわめて弱いエネルギーの放出によって作用しうるのは、男性や女性のうちに教え込みと身体化の作業によって設置されている性向を起動させればよいからであり、前もっての作業の結果として、彼ら彼女らが魔法にとっかかりを与えるからである。言い方をかえれば、魔法の可能性の条件と（語の意味を広げて言えば）経済的代償は、身体の持続的変容を実現して恒常的な性向を生みだすのに必要な膨大な事前作業のなかにある。魔法はその性向を起動し覚醒させるのだ。このような事前の変容作用は、象徴的に構造化された物理的世界にゆっくりと慣れ親しんでいくことと、支配構造を宿した相互行為を早くから長いあいだ経験することを通して、大部分が目に見えない狡猾なかたちで働くだけに、いっそう強力である。

　支配者と被支配者のあいだの魔術的境界をめぐる実践的な認識・追認行為は、象徴権力の魔法によって起動する。この認識・追認行為を通じて、被支配者は押しつけられた限界を暗黙のうちに受け入れつつ、しばしばわれ知らずに、ときには意志にかかわりなく自分に対する支配に寄与してしまう。こうした認識・追認行為は、しばしば身体的動揺——恥ずかしさ、屈辱、内気さ、不安、罪悪感——ないし情熱や感情——愛、感嘆、尊敬——というかたちをとる。動揺はしばしば目に見えるかたちで現れるだけに、いっそう苦痛である。赤面、口ごもり、不器用さ、身震い、腹立ち、無力な激怒は、いずれも自分の意志にかかわりなく、いやいやながら〔フランス語では、à son corps défendant おのれの身を守りつつ〕であっても、支配的な判断に従属することである。いずれも、自分の身体が意志の指令と意図を逃れ、社会構造に内在する検閲と密かに共犯関係を取り結んでいるのを、ときには内面の葛藤や自我の分裂のなかで感じることである。

被支配的な（ジェンダー、民族、文化ないし言語の観点からみて）ハビトゥス、すなわち身体症状化された社会関係、身体化された法則へと転換された社会的法則の受難は、単純な意志の努力、解放へとつながる意識化にもとづく努力によって中断できるものではない。象徴的暴力が意識と意志という武器だけで打ち負かせると信じるのは完全に錯覚である。というのも、象徴的暴力の有効性の効果と条件が、性向というかたちで身体のもっとも内密なところに、持続的に組み込まれているからである。そのことはとりわけ、血縁関係とそれをモデルとしたあらゆる関係の場合に見られる。そうした関係においては、社会化された身体の持続する傾向が、感情の論理（親に対する愛情、兄弟愛など）または義務の論理において表現され、生きられるのだが、感情と義務は、尊敬や愛情深い献身の経験のなかでしばしば混同され、それらの社会的な生産条件が消えたあとも長いあいだ残ることがある。そういうわけで、外的制約が廃止されて形式的な自由――投票権、教育の権利、政治を含む職業選択の自由――が獲得されたときに、自己排除と（否定的にも肯定的にも「作用」しうる）「天職」という考えが現れて、明示的な排除を引き継ぐのが見られるのだ。公的な場所からの放逐は、カビリア族のところのように明示的に表明されているときは、女性を隔離された空間へと封じこめ、男性的な空間、たとえば集会の場の周辺に近づくことを恐ろしい試練にしてしまうが、べつのところでもほぼおなじように有効に、一種の社会的に強制された広場恐怖症《アゴラフォビア》を通して、放逐が実現されうる。そうした広場恐怖症は、もっとも目に見えやすい禁止事項の廃止後も長く生き延びて、女性たちが広場《アゴラ》から自身を排除するよう仕向けうるからである。

支配が持続的に身体に残す痕跡とそうした痕跡を通して支配がおよぼす効果とを思い起こすこと、それは支配を追認するあのとりわけ汚い手口に武器を与えることではない。その手口とは、しばしばなされるように、女性たちが従属的な慣習行動をとることを選んでいる（「女たちは自分自身の最悪の敵である」）とか、さらには女性たちは支配されるのを好むとか、一種のマゾヒズムが女性の本質をなしているせいで女性たちは自分がこうむるひどい扱いを「享受している」などとほのめかすことによって、女性たちに対する抑圧の責任を女性たちに押しつけようとする手口だ。「従属した」性向を引き合いに出して「被害者をけなす」ひとがしばしばいるけれども、そうした性向が客観的な構造の産物であることと、そうした構造が有効性を持つのは性向ゆえであり、構造が性向を起動しその性向が構造の再生産に寄与することを同時に認めなくてはならない。象徴権力は、その作用をこうむる人びとの寄与なしには行使されえないのであり、人びとが象徴権力の作用をこうむるのは自身が象徴権力をそういうものとして構築しているからなのだ。しかし、このことを（エスノメソドロジーであれそれ以外であれ、観念論的な構築主義のように）確認するだけにとどまらず、世界と世界の権力との構築行為を組織する認知構造がどのように社会的に構築されているかを確認して解説しなくてはならない。このようにして、次のことをはっきりと把握しなくてはならない——この実践的な〔慣習行動をとおした〕構築は、孤立した「主体」の意識的で自由な意図された知的行為ではなく、それ自体が権力の効果、知覚図式と性向〔賛嘆したり尊敬したり愛したりする性向〕というかたちで被支配者たちの身体に持続的に組み込まれた権力の効果なのであり、そうした図式と性向が〔被支配者たちの身体を〕ある種の権力の象徴的な現れに対して敏感にするのである。

支配の追認は、むきだしの力〔武器の力や金銭の力〕に依拠しているように見えるときですら、つねに認識行為を前提としている。それは確かだとしても、だからといって支配の追認を、ある主知主義的でスコラ的な「便法」をもちいて意識の語法〔意識という語を中心にした論法〕によって記述してよいことにはならない。その便法は、マルクス〔とりわけ、ルカーチ以後「虚偽意識」という表現を使う人びと〕に見られるように、慣習行動についての性向理論を持たないために、身体への社会構造の組み込みに起因する不透明性〔意識のしにくさ〕と惰性とを無視し、女性解放を「意識化〔自覚〕」の自動的な効果に期待させてしまう。

ジャンヌ・ファヴレ＝サーダは、「説得と誘惑」によって「同意」が得られているという考え方が不適切であることをよく示したが、制約なのか、「自由な受諾」と「明示的な賛同」としての同意なのかという二者択一から本当の意味で抜け出すにはいたっていない。なぜかというと、彼女はマルクスから疎外の語彙を借用しているが、そのマルクスとおなじく、「意識」の哲学のなかに閉じ込められたままだからである〔そういうわけで彼女は「支配され、断片化され、矛盾した非抑圧者の意識」とか、「男性たちの物理的・法的・精神的な権力による女性たちの意識の侵略」という表現を使う）。男性秩序が身体におよぼす持続的な効果をはっきりと確認していないせいで、彼女は嬉々とした〔魔法にかけられたような〕従属という、象徴的暴力に固有の効果をなすものを適切に理解できないのである。[68]「想像世界」という言葉があちこちで、ほとんどでたらめに用いられているが、これは特に、支配的な見方の原理がただの心的表象や幻想（「頭のなかの考え」）や「イデオロギー」ではなく持続的にものごとと身体に組み込まれた構造システムであるのを忘れがちな点で、おそらく「意識」の語法よりもさらに不適切である。ニコル＝クロード・マチューは、「被支配的な意識について」[69]という論文で同意の観念への批判をおそらくもっとも先まで押し進めた。同意という観念は、「抑圧者の側の全責任をほとんど無化する」[70]ものであり、「事実上またしても、被抑圧者（男性であれ女性であれ）に罪をなすりつける」[71]。しかし、「意識」の語法を放棄していないため、彼女は、支配が抑圧される女性たちに課す思考と行動の可能性の限定と、[72]「被抑圧者たちの意識への、男性たちの遍在的な権力の侵入」[73]とについての分析を完全になしとげてはいない。

こうした批判的な区別は、根拠のないものでは、まったくない。というのも、こうした区別は、フェミニズム運動が呼びかける象徴革命は単なる意識と意図の転換には帰着しえないことを含意しているからだ。象徴的暴力は、啓蒙するだけでよいような欺かれた意識ではなく性向に基盤をおくのであり、性向が支配構造の産物であり支配構造にあわせて調節されている以上、象徴支配の犠牲者が支配者に与えている共犯関係の断絶は、支配者の視点を支配者と被支配者自身に当てはめてしまうような性向の社会的な生産条件のラディカルな変容にしか期待できないのである。象徴的暴力が遂行されるのは、実践的な認識・誤認の行為を通してのみであり、意識と意志の手前で実行されるその行為が、厳命、示唆、誘惑、脅迫、非難、命令や規律遵守の呼びかけといった、ありとあらゆる象徴的暴力の現れに「催眠術的な権力」を付与する。しかし、性向の共犯を通してしか機能しないような支配関係が永続するか変容するかという点は、その性向を生みだす構造が永続するか変容するかという点に根本的に左右されるのである（特に象徴財の市場の構造が問題なのだが、その基本法則により、女性たちはその市場で下から上へと流通するモノとして扱われている）。

象徴財の経済における女性

このように、性向（ハビトゥス）は、男性と女性において性向を生産し再生産する構造（ライプニッツのいう意味でのハビトゥディネス）と切り離せないし、とりわけ、象徴財の市場の構造に究極の基礎をおく技術儀礼的な活動の全構造と切り離せない[74]。女性を劣等視し排除する原理、これを神話儀礼的システムは承認して増幅し、全宇宙の分割原理にしてしまうのだが、この原理とは、基本的な非対称性、主体と対象、行為者と道具という、象徴交換の場で男性と女性のあいだに成り立つ非対称性にほかならない。結婚市場を中心的な装置とする象徴交換、象徴資本の生産・再生産関係は、あらゆる社会秩序の基礎にある。そこで女性は対象として、より正確には象徴として現れるしかない。女性の外部で意味が構成されるような象徴、男性が保持する象徴資本の永続化ないし増加に寄与するのが役割であるような象徴として、である。これが女性に付与されている地位の真実だ。この真実は、逆の場合《ア・コントラリオ》、つまり男性後継者のいない家族が血統のとだえるのを避けるために娘に婿をとるしかない、という極限状況において露呈する。婿 awrith とは、夫が父と同居する慣例とは反対に、妻の家に来て住む、したがって女性のように、つまりモノのように流通する存在である（「彼は嫁になっている」とカビリア族はいう）。こうして男性性そのものが問いに付されてしまうので、屈辱を受けた家族は見せかけだけでも家族の名誉を救うために、あるいはそれができる範囲で、男であることをやめて婿入り先の家族の名誉を問いに付してしまう「モノとなった男」の名誉を救うために、さまざまな策略をとるのだが、ベアルンでもカビリアでも、グループ全体が、そうした策略に対して、一種の寛大な判決をくだすことがある。

文化的な分類において男性性に優位が与えられていることの説明は、象徴交換の経済の論理にある。より正確には、交換対象という社会的地位を女性たちに割り当てている親戚関係と結婚の社会構築にある。それは男性の利害にあわせて定義され、男性の象徴資本の再生産に寄与することを余儀なくされた交換対象である。近親相姦のタブーは――交換は男性たちのあいだでの平等なコミュニケーションでなくてはならないという至上命令を含意している点でそこにレヴィ＝ストロースは社会の創設行為を見ているが――、女性たちがおたがいのあいだに成立する交換と縁戚の主体となることを否定するような暴力の制定と相関している。女性たちは、モノの状態、より正確には、男性政治の象徴的な道具の状態に還元されてしまうのである。女性たちは信用を価値とする記号のように流通して、男性たちのあいだに関係を制定することを余儀なくされているため、象徴資本と社会関係資本の生産または再生産の道具という地位に還元されてしまう。あるいはもしかすると、レヴィ＝ストロースの純粋に「記号学的」な見方との断絶を究極まで押し進めて、アンヌ＝マリ・ダルディーニャがいうように、「女性の身体を、文字どおり、価値づけと交換の可能なモノにし、貨幣とおなじような資格で男たちのあいだを流通するように[75]」してしまうサド的な流通のなかに、レヴィ＝ストロース的な流通の、幻滅したあるいはシニカルな限界を見るべきかもしれない。レヴィ＝ストロース的な流通〔の見方〕は、おそらく通貨交換の全般化に結びついた幻滅(エロティシズムはその一側面である)によって可能になったものであり、正統な妻の正統な流通が最終的には依拠している暴力を明るみに出す。

厳密に記号学的な読解は、女性の交換をコミュニケーション関係とみなすため、結婚にかかわる取引——象徴的な力の保持や増加を目指す象徴的な力同士の関係——のもつ政治的な次元を隠蔽してしまう[76]。そして純粋に「経済学的な」解釈は、マルクス主義的であってもなくても、象徴的な生産様態の論理を経済に固有の生産様態の論理と混同するため、女性の交換を商品の交換のように扱う。しかし記号学的な読解と経済学的な解釈は、象徴財の経済の本質的な両義性を取り逃がしてしまう点で共通している。象徴財の経済は、象徴資本（名誉）の蓄積に向けられているため、さまざまに異なる原材料——その筆頭に女性があげられる——ばかりか、正式な手続きに従って交換されうるありとあらゆるモノを（製品にではなく）贈与にかえてしまう。すなわち、コミュニケーションの記号であると同時にわかちがたく支配の道具であるようなものにかえてしまうのである。(77)

このような理論は、そうした交換に固有の構造だけでなく、交換をおこなう者に要請される社会的な作業、とりわけ交換の行為者（能動的な男性、あるいは受動的な女性）と論理そのものとを生産・再生産するために必要な作業を考慮に入れるものだ——しかもそうした考慮は、象徴資本の再生産がほとんどそれ自身の力によって、社会的・時代的に位置づけられた行為者の行為の外でなされるという錯覚に抗してなされる。行為者を（再）生産することは、社会世界を組織するカテゴリー（知覚・評価と社会的グループにかかわる図式という二重の意味でのカテゴリー）を（再）生産することである。親戚関係のカテゴリーは言うまでもなく、神話儀礼的なカテゴリーも（再）生産される。賭けと賭け金〔獲得目標〕とを（再）生産することは（ただ性生活《セクシュアリティ》にだけでなく）社会的再生産に到達するための条件を（再）生産することである。社会的再生産を成り立たせているのは闘争的な交換だ。交換が目指すのは、血統や祖先の名前といった系譜上の地位、すなわち象徴資本の蓄積、したがって人びとに対する持続的な権力と権利の蓄積である。男性たちは記号を生産し、名誉において平等であるという本質的な関係によって結ばれたパートナー＝敵として、記号を能動的に交換する。これは名誉における不平等、すなわち支配を生みだしうる交換の条件そのものである――しかし、このことをレヴィ＝ストロース流の純粋に記号学的な見方は取り逃がしてしまう。したがって、主体である男性と、交換対象である女性とのあいだの非対称性はラディカルである。男性は生産と再生産の責任者にして主人であり、女性はそうした作業の変容させられた産物だからである(78)。

　カビリアの場合がそうだが、象徴資本と社会関係資本の獲得が、ほとんど唯一の可能な蓄積形態であるとき、女性たちは、攻撃や嫌疑から守られたところに保管しておくべき価値であり、交換に投入されると、縁戚つまり社会関係資本や、権威ある縁者つまり象徴資本を生みだしうる価値になる。こうした縁戚関係の価値、したがってそれがもたらしうる象徴的利益は、部分的には、交換されうる状態にある女性たちの象徴的な価値、すなわち評判や純潔に左右される――純潔は男性の評判、したがって血統全体の象徴資本を測る尺度となり、物神《フェティッシュ》化される。そのかぎりにおいて、兄弟や父親は、夫なみに細かく、さらには偏執的に、一家の娘の素行を警戒しがちになる。兄弟や父親の名誉は、正しく理解された自己利益の一形式なのである。

　象徴財の経済は基本的な分割原理を通して社会世界の知覚全体を組織するのだが、その決定的な重みは、社会世界全体に、すなわち経済生産の経済だけでなく、生物学的再生産〔生殖〕の経済にも不可避的にのしかかる。このようにして説明がつくのは、カビリアの場合もそれ以外の多くの伝統の場合も、妊娠出産という女性に固有の仕事が、受精という男性固有の仕事と比べればまるでとるにたらないと見なされてしまうことだ。（ついでに指摘しておくとすれば、精神分析的な視座にたつメアリー・オブライエンは、男性支配とは男性たちが種の再生産の手段を奪われていることを乗り越えようとして、出産における女性たちの現実的な仕事を隠蔽することで父性の優位を復興しようとする努力の産物であるとしている。それは間違ってはいないとしても、彼女はこの「イデオロギー的な」作業をその真の基盤に関係づけるのを怠っている。すなわち生物学的な再生産〔生殖〕を象徴財の再生産の必然性に従属させることを課す、象徴財の経済の制約である。[79])生殖のサイクルにおいても農耕のサイクルにおいても、神話儀礼的な論理は男性の介入を特権化し、男性の介入はかならず、結婚や耕作開始の機会に、公的で公式で共同の儀礼によって強調される。それに対し、胚胎の期間、つまり農地の冬や女性の妊娠期間には、やってもやらなくてもよい、ほとんどおざなりな儀礼行為しかない。一方では、生命の流れに対する不連続的で普通ではない〔日常を超えた〕介入、向こう見ずで危険な開始行為が荘厳に遂行される――ときには、最初の耕作のように、グループの前で公開される――。他方では、女性や大地を行為者というよりは場所・機会・支えとする、受動的で自然な一種の膨張過程がある。その過程が女性に要求するのは、ただ付き添うという儀礼的または技術的な慣習行動、作用する自然を支えるための行為(たとえば除草や動物のために草を集めること)であり、それゆえどうしても二重の意味で顧みられない。何よりも男性たちから顧みられない。そうした行為は、慣れ親しんだ、連続した、普通〔日常〕の、繰り返しが多く単調な、わが国の詩人〔ヴェルレーヌ〕が言うように「しがなくて簡単な」仕事であり、大半が、ひとから見られないところ、家の暗がりや、農耕年の停滞期におこなわれるのである[80]。

性的分割は一方で、われわれが仕事という観念と結びつける生産活動の分割のなかに、より広くは、社会関係資本と象徴資本の維持作業の分割のなかに組み込まれている。後者は男性たちに、公式で公的な代表活動、とりわけあらゆる名誉の交換、言葉の交換（日常的な出会いと、特に集会においての）、贈与の交換、女性の交換、挑戦と殺人の交換（その限界が戦争である）の独占権をゆだねる。性的分割は他方で、象徴財の経済の立役者、男性・女性の性向（ハビトゥス）のなかに組み込まれている。女性たちは（たとえ、ある条件下では、少なくとも代理によって交換を、とりわけ結婚にかかわる交換を方向づけたり組織したりすることに寄与しうるとしても）この象徴財の経済によって交換対象の状態に還元されている。そして男性たちに対しては、社会秩序全体、特に象徴財の市場の機能と結びついた肯定的・否定的な報いが、それによって真剣なものとして構成されたあらゆるゲームを真剣にとる適性と傾向――名誉の感覚の本質をなすもの――を獲得するよう強いているのである。

よそでおこなったように[81]、両性間の分業という項目で、生産活動のみの分割を記述することにより、わたしは間違って、仕事に関する自民族中心的な定義を採用した。しかしわたし自身が他方では[82]、この定義が歴史的な発明であり、「仕事」に関する資本主義以前の定義とは根本的に異なることをすでに示したことがあったのだ。資本主義以前の定義によると、「仕事」とは、「全体的」ないし未分化といえる社会的機能、われわれの社会であれば貨幣による報いをいっさい欠くため非生産的と見なすような活動をも包括する社会的機能の行使である。この定義が当てはまるものとして、カビリア社会と資本主義以前の大半の社会、そしてまたアンシアン・レジーム下の社会における貴族、さらには資本主義社会における特権階級においての、直接的間接的に社会関係資本と象徴資本の再生産に向けられたあらゆる慣習行動があげられる。たとえばカビリア社会においては、結婚の交渉をしたり男性の集会で発言したりすること、よそでは、おしゃれなスポーツをしたり、サロンを開いたり、舞踏会を催したり、慈善事業を始めたりすることがそうである。ところで、〔仕事といえば生産活動のみを指すと考えるような〕欠陥のある定義を受け入れると、慣習行動のあらゆる領域におよぶ「任務」や責務をめぐる性的分割の客観的構造を完全に把握するのを自らに禁じてしまうことになる。問題となる領域は、特に——公的で不連続的で日常を超えた男性的な交換と、私的でさらには秘密で連続的で日常的な女性的な交換との差異をふくめて——あらゆる交換におよび、おなじ原理からなるさまざまな対立が見られる宗教的・儀礼的活動に及んでいる。

こうした社会的なゲームへの原初的な自己投入〔投資〕（イルーシオ）(83)、男を本当の男にする自己投入——名誉の感覚、男らしさ、**manliness**、あるいはカビリア族がいうところの「カビリアらしさ」（thakbaylith）——は、自己に対する全義務にかかわる原理として異論のないものであり、おのれに負っていることすべての、つまり自分自身に対してきちんとした自分であり、自分自身の目から見て、ある種の男性像にふさわしくあるためになすべきいっさいの義務の、原動力ないし動機である。というのも、まさに、まっすぐなものと曲がったもの、立ったものと横たわったもの、強者と弱者、要するに男性と女性という基本分割にそって構築されたハビトゥスと、おなじようにその分割にそって組織された社会空間とのあいだの関係においてこそ、男性たちの闘争的な自己投入と、すべて節制と棄権からなる女性たちの美徳とが、いずれも緊急事項、なされるべきこととして生じるからである。

たとえば、名誉の問題という、あの象徴財の経済の規則と規則性への延長された従属によって獲得される特殊な形態のゲーム感覚は、再生産戦略のシステムの原理なのである。再生産戦略とは、象徴資本の生産と再生産のための道具の独占権の保持者である男性たちが、その資本の保存ないし増加を確かにするために用いる戦略である。生殖の戦略、結婚の戦略、教育の戦略、経済的な戦略、継承の戦略、いずれも遺産として継承された権力および特権の伝達に向けられている。(84) 名誉の問題とは、象徴秩序の必然が美徳となったものであり、行為者たちの行為を通して永続化するという、名誉の（すなわち血統、または――ベアルン地方や、中世とおそらくそれ以降もふくむ貴族の家系においては――「家」によって共同で所有される象徴資本の）もつ傾向の身体化の産物である。

女性たちは、集会、市場といったあらゆる公的な場所から排除されている。それは、名誉のゲーム〔賭け〕のような、人生でこの上なく真剣なものと普通に見なされているゲームがおこなわれる場所である。しかも彼女たちは、こういってよければアプリオリに、名誉における平等という（暗黙の）原理の名において排除されている。その原理によると、挑戦は、名誉をもたらすものであるため、男性（女性に対立するものとしての男性）、それも名誉ある男性、反撃をもたらしうる男性に向けられた場合しか有効ではない。反撃は、なんらかのかたちでの認知を秘めるものとして、名誉をもたらす。このプロセスの完璧な循環性は、これが恣意的な割り当てであることを示している。

男らしさと暴力

女性は、自分の価値を下げ、自分を否定する社会化の作業に従属し、自己犠牲や諦めや沈黙といった消極的な美徳を学習するが、男性もまた、支配的な表象の囚人であり、はっきりそうは見えないが犠牲者なのである。従属への性向とおなじように、支配を主張し行使するように仕向ける性向もまた、何らかの自然な本性のなかに組み込まれているのではなく、長い社会化の作業、すなわち、すでに見たように、異性に対する能動的な差異化の作業によって構築されなければならない。vir という語の意味での男性という身分は、こうあるべき義務、美徳 virtus を含意し、それは「当然のこと」として、議論の余地なく不可避になる。名誉もまた、貴族性とおなじように——外見上は自然な性向の総体というかたちで身体に組み込まれたものであり、そうした性向はしばしば、身体の使い方、頭の向き、態度〔礼儀作法〕、ふるまいのように、独特の考え方や行動の仕方、エートス、信条などと強く結びついた独特の姿勢のとり方のなかに見うけられる――、いっさいの外的制約のそとで、名誉を重んじる人間を統御する。名誉は、ひとつの〔抵抗できない〕力 force として（「どうにもならない c'est plus fort que lui」）、男性の思考と慣習行動を指揮し方向づける（フランス語ではこれは diriger の一語でいいあらわせる）のだが、機械的に強制するわけではない（要請を免れることも、要請に応える能力がないこともありうる）。名誉は、男性の行動を論理的必然として誘導する（自己否定する覚悟でもなければ「ほかにやりようがない」）のだが、規則、あるいは一種の合理的計算からくる論理的な容赦ない判決として課されるわけではない。この〔男性個人より〕強い力、ほかの人びとの目には不可能で考えもつかないように見える行為を、避けられないか自明のものとして、すなわち熟慮も検討もなしに男性に受け入れさせてしまう力とは、社会的なものの超越性であり、それは身体になり、運命愛《アモール・ファティ》として機能する。それは宿命への愛、社会的本質として構成され、それによって宿命に変えられたアイデンティティを実現しようとする身体的な傾向である。貴族的と見なされる性向の総体という意味での貴族性（身体的・精神的な勇気、寛大、寛容など）、あるいは面目（nif）は、社会的な命名と教え込みの作業の産物である。その作業の結果として、誰もが知っていて認知〔承認〕しているあの社会世界が描きだす「神秘的な分割線」の一本によって制定された社会的アイデンティティが、生物学的な自然のなかに組み込まれ、身体化された社会的法則としてのハビトゥスになるのである。

男性の特権もまたひとつの罠なのであり、男性ひとりひとりは特権の代償として、ことあるごとに男らしさをはっきりと示さなければならない必要から、恒常的に、ときには不条理なほどの緊張と精神集中を強いられている。[85] 名誉の問題は、事実上その主体が集合的なもの、つまり血統や家系という、それ自体が象徴秩序に内在する要請に従属したものであるかぎりにおいて、事実上ひとつの理想として、より正確には、多くの場合は到達できないままにとどまらざるをえないような要請のシステムとして現れる。男らしさとは、それを性的・社会的な再生産能力であるのみならず、戦いと暴力の行使（とりわけ復讐の場合）への適性とみなしたばあい、何よりもまず、ひとつの重荷となる責務である。女性の場合、名誉は本質的に消極的で、処女性とそれに続く貞操とが美徳であるため、名誉は守られるか失われるかしかないのだが、それとは逆に、「本当の男」である男性とは、公的な領域に栄光と自己卓越化〔おのれを際立たせる機会〕を求めることで、みずからの名誉を増大させる可能性が提供されたならば、自分にはそれに応える責任があると感じている者である。男性的な価値観の顕揚には、その暗く隠された反面として、女性性が引き起こす恐怖と不安がある。女性たちは、弱者であり、名誉の傷つきやすさの化身、左の聖性 **h'urma**（男性的な右の聖性の反対）の化身としての弱さの原理であり、つねに攻撃にさらされてはいるが、悪魔的な狡猾さ **thah'raymith** や呪術のような、弱さからくるありとあらゆる武器のおかげで強くもあるからだ。[86] こうして、あらゆる要素が絡まりあって、男らしさという不可能な理想が、途方もない傷つきやすさの原理になってしまうのだ。逆説的ながら、この傷つきやすさこそが、われわれの社会におけるスポーツのような、男性向けのあらゆる暴力的なゲーム、特に男性性の目に見えるしるしを生みだし、[87] それによっていわゆる男らしい特性を示したり試したりするのにもっとも適した格闘技のようなゲームへと、しばしば狂ったように自己投入〔没入〕するよう導いていくのである。[88]

名誉とおなじように――あるいはその裏面である恥、これは周知のとおり、罪悪感とは異なり、他人の前で感じるものだが――、男らしさは、その本質である暴力性において（暴力は現実でも潜在的でもかまわない）、ほかの男たちから有効だと認められ、「本物の男たち」がつくるグループへの帰属の承認によって証明されなければならない。数多くの制定儀礼、特に学校や軍隊におけるものには、男らしい連帯の強化に向けられた、男らしさをめぐる真の試練がふくまれている。若者グループによる集団強姦の一種――ブルジョワ子弟の回想録によく見られる、仲間と一緒に売春宿へいく経験の格下げされたヴァリエーション――のような慣習行動の目的は、若者たちを試練にかけ、自分の男らしさを、その本質である暴力性において、すなわち恋愛のもつ思いやりや優しさ（男らしさを奪うもの）とはいっさい無縁に、他人の前ですぐ発揮するよう命じることにある。[89] こうした慣習行動は、男らしさの発揮がすべて他律的であり、男らしいグループの判断に依存していることを明白に示している。

「勇気」のなかには、軍隊や警察（とりわけ「エリート特殊部隊」）や不良グループ、より平凡なところでは、ある種の作業チームが要請したり承認したりする形式のものがあり――しかもそれは、とりわけ建設業で、安全対策の拒絶や、虚勢をはった行動による危険の否認や危険への挑戦を推奨ないし強制するもので、多くの事故の原因になっているが――、そうした「勇気」の原理は、逆説的ながら、恐れのなかにある。すなわちグループからの尊敬や賛嘆を失うこと、「仲間」の前で「面目を失う」こと、女性的なカテゴリーの典型である「弱虫」や「臆病者」や「女々しい奴」や「ホモ」などと見なされることに対する恐れである。このように、「勇気」と呼ばれるものはしばしば、ある種の臆病さに根づいている。この点を納得してもらうには、ありとあらゆる状況下で、支配や搾取または抑圧の意志〔をもつ上層部〕が、しばしば「タフ」といわれる男たちに、殺す、拷問する、強姦するといった行為をおこなわせるために、弱さと無縁な「男たち」の世界から排除されるかもしれないという「男らしい」懸念を利用したことを喚起すれば足りる。そうした男たち――暗殺者、拷問者、あらゆる独裁政権や、監獄や兵舎や寄宿舎といったきわめて普通のものも含む「全制的施設」[90]の下級管理職――が「タフ」だと呼ばれるのは、自分自身の苦しみと、とりわけ他人の苦しみに耐えられるからだが、おなじように、新自由主義的な聖者伝が顕揚する新しい戦闘的な企業経営者たちもまた、しばしば身体的な勇気をめぐる試練に従属し、余剰人員を失業へ追いやることで自制力を表明しているのだ。見てのとおり、男らしさとは、きわめて関係的な観念であり、ほかの男たちの前で、彼らのために、女らしさに対抗して、女性的なもの、何よりも自己自身のなかの女性的なものに対する一種の恐怖のなかで構築されている観念なのである。

第二章　隠れた恒常的要素を想起する

民族学的記述――遠く離れているためより客観化しやすいと同時に、全体が男性支配をめぐって構築されている社会世界の民族学的記述――は、男性中心的な世界観のごく微かな痕跡と散逸した断片をとらえる一種の「探知機」のような働きをし、それによって、無意識に関する歴史的考古学のための道具の役目を果たす。その無意識とは、おそらく原初的に、われわれの社会のきわめて古いアルカイックな状態において構築され、男性であれ女性であれ、われわれひとりひとりのなかに宿っているものだ。(したがって、それは歴史的な無意識であり、精神分析の考える両性間の差異のように生物学的・心理学的な本性〔自然〕やそうした本性〔自然〕に組み込まれた特性にではなく、本当の意味で歴史的な構築作業――たとえば男児を女性的な宇宙から引き抜こうとする作業――に結びついているのであり、それゆえに、そうした歴史的な生産条件の変容によって修正される余地がある。)

したがって第一に、男性中心的な「無意識」の模範的モデルの認識によって、われわれの無意識の現れのなかに探知し理解できることのすべてを抽出しなくてはならない。その無意識は、当たり前だから気づかれようのない、おなじみの直喩や詩人の隠喩のなかに、閃くように、現れたり明かされたりする。予備知識のない読者は、カビリア社会の表象と(とりわけ儀礼的な)慣習行動を構造化する対立関係または相同関係について――とりわけその一覧的な見方、つまり現地人の慣習行動からは完全に除外されている見方の提供を目的とした図表のおかげで――得た知識を、どんなふうに感じるのか。いっぽうには、当然だという感想もありうる。その感想自体は考えてみればまったく当然ではない。それは、おなじ無意識に参加していることにもとづく感想なのだ。しかし逆に、何らかのかたちの狼狽、何かが暴露されたというよりも再発見されたという印象もありえる。こちらは、予想外でありながら必然的な、ある種の詩的な隠喩のもたらす印象と酷似している。そして読者は、先に民族学者がもっと苦労しておこなったように、対立関係のひとつひとつや、直接的・間接的な等価関係のネットワークという、それぞれの関係をほかの全関係に結びつけてシステムにし、それによってシステムに客観的・主観的必然性を付与しているものに対して、かなり急速に親近感をおぼえられる。この親近感は、単純な知の獲得がもたらす親近感ではなく、はるか以前から所有されていると同時に失われている知識の再所有化、フロイトがプラトンに続いて「想起《アナムネーシス》」と呼んだものがもたらす親近感である。

しかし想起といっても、プラトンの場合のように形相の内容のみに関わるのではないし、フロイトの場合のように無意識の、個人的な構成プロセスのみに関わるのでもない。フロイトのいう無意識は、社会的側面を完全に排除するわけではないが、人類共通の普遍的な家族構造に還元されるもので、けっして社会的に特徴づけられてはいない。ここでいう想起は、集合的であると同時に個人的な無意識の、系統発生と個体発生に関わるものだ。この無意識は、集合的な歴史と個人的な歴史の身体化された痕跡であり、男性女性、すべての行為者に、その命令的な前提のシステムの受け入れを強いる——民族学はまさにこのシステムの公理系〔前提の集合〕

を構築するのであり、その公理系が、潜在的にひとを解放する力をもつのである。

身体を変容させる作業、性的に差異化されているとともに性的に差異化するものでもある作業は、一部は模倣をうながす暗示の効果、一部は明示的な厳命、また一部は生物学的身体に関する見方（とりわけ性行為を支配行為、所有行為として考えること）の象徴的構築の全体をとおして達成され、この作業が、体系的に差異化され差異化するハビトゥスを生みだす。男性の身体の男性化と女性の身体の女性化は、途方もない、ある意味では終わりのない任務であり、おそらく今日では過去に例のないほど、著しい時間と努力の消費をほとんどつねに要請するが、これが支配関係の身体症状化〔無意識のうちに身体表現に組み込まれること〕を決定し、支配関係はこうして自然化するのである。身体の調教をとおしてこそ、もっとも基本的な性向が押しつけられる。それは男らしさの発揮にもっとも向いた社会的なゲーム、すなわち政治、事業、科学などへの参入にひかれると同時に適している性向である。（教育の初期から、これらのゲームに参画するよう促される男子と女子の割合はきわめて不均等であり、より男子のほうでさまざまに異なるかたちの支配欲が助長されるが、支配欲は昇華され、社会的欲求のもっとも「純粋な」かたち、たとえば知の欲望として表現されることもある。[1]）

貴族性としての男性性

カビリア社会は、男性中心主義的な無意識の衝動に「理想的」な条件を提供していたが、その大部分は廃止され、男性支配は端的な自明性をいくらか失った。とはいえ、この支配を基礎づけるメカニズムのうちで、今なお作用し続けているものがある。たとえば、社会空間の客観的な構造と、それが男女いずれにおいても生み出す性向とのあいだに確立される循環的な因果関係があげられる。女性たちは、性的に序列化された世界に投げ込まれ、そこから少なくとも明示的な規律遵守の呼びかけとおなじくらい間断なく、静かで目に見えない命令を送られているため、恣意的な禁止と指示を、自明で自然で当たり前のものとして受け入れる状態におかれる。そうした恣意的な禁止と指示は、ものごとの秩序のなかに組み込まれ、知らないうちに身体の秩序のなかに刻み込まれていく。

世界はいつも、するべきこととしてはいけないことを示すさまざまな手がかりや合図がちりばめられたものとして現れる。運動や移動も、してよいもの、してはいけないもの、する確率の高いものが、点線のように示されているのだが、〔カビリア社会ではなく〕今や社会的経済的に分化している世界が「やるべきこと」と「起こるべきこと」を提示するときには、そうした提示は、交換可能なXのような、任意の行為者に向けられるのではなく、行為者それぞれの〔社会的な〕位置と性向に応じて特殊化されている。それらが、やるべきことかできないこと、自然なことか思いもよらないこと、普通のことか異常なこととして提示されるのは、あれこれ特定のカテゴリーに対してなのだ。すなわち個別に〔具体的な〕ひとりの男性かひとりの女性（それもしかじかの条件におかれたひと）に対してなのである。社会的な行為者たちがそのつど発見する、マルセル・モースであれば「集合的期待」と呼んだはずのもの、マックス・ヴェーバーの用語でいう「客観的可能性」は、たとえ統計の助けを借りなくては科学的に把握できないとしても、まったく抽象的でもなければ理論的なのでもない[2]。それらは、身近な環境のありようのなかに、さまざまな対立のかたちをとって組み込まれているのだ。公的で男性的な世界と、私的で女性的な世界。公的な広場（あるいは危険に満ちた場としての街）と、家（すでに何度も指摘されたことだが、広告や諷刺漫画において、女性はたいていの場合、家庭的な空間に挿入されるのに対し、男性はめったに家と結びつけられることはなく、かなり頻繁にエキゾチックな場所で描かれる）。アングロサクソン圏におけるバーやクラブのような、とりわけ男性のための場所（そうした場所を特徴づける革張りの調度品、重厚で角ばった、暗い色調の調度品は、男らしい硬さや荒さのイメージを発する）と、いわゆる「女性的な」空間（甘ったるい色調と、置物やレースやリボンが脆さと軽薄さを喚起する）とのあいだの対立である。

　今なおきわめて性的に区別されている分業構造が女性に提供する地位のなかには、「客観的期待」が、とりわけ暗黙の状態で組み込まれている。おそらく、その「客観的期待」との出会いにおいてこそ、家族と社会秩序全体に教え込まれたいわゆる「女性的な」性向は成就し、開花すらし、それと同時に報いられうるのだ。そうすることで「女性的な」性向は、基本的な性的二元論の強化に——ポストの面でも、そのポストを占める者に関しても——貢献してしまう。〔女性の占める〕ポストは従属と安全の要求を招くように見え、ポストを占める者〔女性〕は、満足しているにせよ疎外されているにせよ、自分の居場所がわかると同時に自分を見失うような地位と同一化してしまうのだ。「天職」と呼ばれるものの論理は、本質的に社会的な論理であり、その効果として、性向と地位とのあいだにこのように調和した出会いが生じる。それによって、象徴支配の被害者たちは、avec bonheur という表現のもちうる二重の意味で、つまり幸せを感じつつ巧みに、従属、優しさ、おとなしさ、献身、自己犠牲といった彼女たちの美徳にわりふられた低級なまたは従属的な仕事をなしとげられるのである。

社会において性的に区別されたリビドーは、リビドーの表現を検閲したり正当化したりする制度〔職場〕と関係を持つ。「天職」とはつねに、部分的には、ポストが約束するもの(たとえば女性秘書にとっては、文書をタイプすること)と可能にするもの(たとえば上司に対して母親的な役割を演じたり、誘惑したりすること)とを、程度の差こそあれ妄想《ファンタスム》的に先取ることだ。ポストは、ポストのなかに秘められた明示的または暗示的な期待を通して、技術的、社会的、さらには性的ないし性的な含みのあるような、ある種の行動を許可したり助長したりする。そのかぎりで、ポストとの出会いは啓示の効果を持ちうる。こうして、労働の世界を満たしている職業的な小さな孤立地帯（病院の医局、省庁の部局など）は、ほとんど家族のように機能し、そこでは職場の長、ほぼつねに男性が、感情的な包容力や誘惑にもとづいて、慈父のような権威をふるい、過剰に仕事を抱えながらも、その職場で起きるすべてのことを引き受け、おもに女性からなる下級職員（看護師、アシスタント、秘書）に全般的な庇護を提供する。それによって、下級職員のほうは、職場と職場を体現する人物に対して熱烈に、ときには病的に、自己を捧げるよう、うながされるのである。

しかし、こうした客観的可能性はまた、きわめて具体的な、きわめて目につくやりかたで思い出させられるものだ。それは分業における序列を示すあらゆるしるし（医師／看護師、上司／秘書など）だけでなく、両性の違いの目に見えるあらゆる現れ（態度、服装、髪型）において、さらに範囲を広げて、日常の行動の、一見すると無意味な細部においても、思い出させられるのだ。日常の行動は、感知できないような規律遵守の呼びかけを無数に含んでいる。[3] このようにして、テレビのスタジオでは、女性はつねに重要度の低い役目に閉じ込められる。それはいずれも「客をもてなす」という役割、伝統的に「弱い性」〔女性〕に割り当てられていた役割のヴァリエーションである。女性は男性に脇についてもらい、その引き立て役になる。また、しばしばその男性は、冗談まじりに、あるいは多かれ少なかれしつこいほのめかしによって、「カップル」という関係が含む曖昧さをもてあそぶ。そうでないとき、女性は自分を認めさせたり、自分の発言を認めさせたりするのに苦労し、「司会」や「進行役」という型にはまった役割に追いやられてしまう。女性が公開討論に参加するときには、発言する機会を得て注意を引きつけるために、たえず闘わなくてはならない。女性がこうむる過小評価は、はっきりした悪意からくるものではなく、意識せず完全に無垢な気持ちで行われるため、いっそう免れがたいのだ。ひとは女性の発言を途中でさえぎったり、女性が鋭い質問をすると、それに対する回答を、まったく悪気もなしに、べつの男性に向かってしたりする（まるで、鋭い質問というものは、定義からして、女性が発したものではありえないかのように）。このようなかたちで存在を否定されると、女性は自分を認めさせるために、しばしば弱者の武器に頼ることを余儀なくされるが、そうした武器は、ステレオタイプを強化してしまう。たとえば、目立つ振舞は、正当な理由のない気まぐれやひけらかしと見なされ、たちまちヒステリックだと形容される。〔男性への〕誘惑は、支配承認の一形式に基づくかぎり、確立された象徴支配関係を強化するのにうってつけである。さらに、このうえなく好意的な男性が差別的な行為をなすあらゆるケースを列挙する必要があるだろう（周知の通り、象徴的暴力は、意識的な意図の次元において作用するわけではない）。たとえば、心の中で疑問に思うことすらなしに、女性たちを権威ある地位から排除したり、女性たちの要求をただの気まぐれに還元して、言葉でなだめるか頬を軽くたたいておけばよいと考えたりする。(4) あるいはさらに、見かけ上は反対だが、女性を女らしさの側に引き戻したり、ほとんど還元したりするケースもある。髪型や、あれこれの身体的特徴に注意をうながしたり、「フォーマル」な（医師が患者を前にしている）状況などで、親しげな呼びかけの言葉（下の名前）や親密な表現（「わたしのかわいいひと ma petite」とか「いとしいひと chérie」など）を使ったりする場合である。いずれも無意識の微細な「選択」であるが、積み重なると、女性の地位の引き下げの構築に貢献してしまう。また、その蓄積された効果は、とりわけ経済的政治的な権力のある地位を占める女性がきわめて少ないという統計にも認められる。

事実として、男性であることを、なんらかの貴族性と見なすのは誇張ではない。このことを納得させるには、アングロサクソン人がいうダブルスタンダードの論理、カビリア人にもよく知られた論理を確認するだけでよい。それは、男性と女性の活動を評価するときにラディカルな非対称性を成り立たせる論理である。男性が社会的に劣ると見なされる仕事をするところまで身を落とすと、体面を汚すことになる（いろいろ理由はあるが、男性がそんな仕事をできるとはそもそも考えられていないからである）。それだけでなく、おなじ仕事でも、男性がした場合には高貴で困難な仕事と見なされ、女性がした場合には無意味で目につかない、容易で軽薄な仕事と見なされることがある。シェフ cuisinier と料理女 cuisinière、デザイナー couturier とお針子 couturière の違いから思い起こされるように〔それぞれフランス語では同一名詞の男性形と女性形の違いにすぎない〕、女性的とされる仕事を男性が奪いとり、私的な領域の外でそれをおこなうだけで、その仕事は高貴なものになり、見違えてしまうのだ。「男性がするか女性がするかによって異なるものとしてつねに成り立っているのが労働である」と、マルガレット・マルアーニは指摘する。いわゆる資格のいる職種がどちらかといえば男性にまかせられ、女性に割り当てられた仕事が「資格のない」〔美質のない〕ものであることが統計によって明らかになっているが、それはなぜかというと、部分的には、何であれ、どんな職種も、いわば男性がおこなうことによって〔立派な職種の〕資格を得ているからなのだ（この見地からして、男性はみな、定義上、すぐれた質を備えていることになる）[5]。こうして、平民がどれほど完璧にフェンシングの技法を身につけても武家貴族にはなれないように、キーパンチャー〔データ入力業、おもに女性〕が書籍にたずさわる職種に含まれるようになったときには、自分の仕事は高度な資格を要求するというプロ神話を脅かされた男性の側に激しい抵抗がまきおこり、キーパンチャーの女性は、単なるカーテン一枚で隔てられた男性の職人とおなじ仕事をおこなっているにもかかわらず、おなじ〔専門の技能を要する〕職種と認知されなかったのだ。「何をやっても、キーパンチャーの女性はタイピストであり、したがっていかなる資格も持っていない。何をやっても、校正係は書籍のプロであり、したがって高度な資格を持っているのである[6]。」そして自らの資格を認めさせようとする女性の長い闘争のあと、男女間における業務の分担はテクノロジーの変化によってラディカルに見直されたが、そうした業務もまた、女性の仕事を貧弱にしつつ、男性の仕事の優位を決定的に維持するようなかたちで、恣意的に再編されることになるのである[7]。見てのとおり、カビリアの原理——女性は家のなかで「乳清のなかの蠅みたいに、外には何も見せず[8]」忙しく働く定めであり、女性の仕事は目に見えないものであり続けることを余儀なくされる――は、一見するとラディカルに文脈が変わったように見える状況にも当てはまり続けている。女性たちが今もなお、ほぼ共通して、自分の本当の役割に対応する序列上の地位を与えられていないという事実もまた、そのことを示している。

「集合的期待」は、積極的なものでも消極的なものでも、〔人びとに〕主観的な希望を強いることで、永続的な性向として身体に組み込まれる傾向がある。こうして、希望をチャンスにあわせ、願望を可能性にあわせて調整する〔実現の可能性のあることしか希望しなくなる〕という普遍的な法則にしたがい、端から端まで性的に区別された世界をめぐる〔女性の〕経験は、目に見えないかたちで損なわれたまま続いている。そのため、女性に期待されていない行為を実行する傾向そのものが水を差され、衰えてしまう――そうした行為を女性に拒むまでもないのだ。性転換による性向の変化に関する以下の証言がよくあらわしているとおり、こうした女性の経験は、「習得された無能状態」(learned helplessness)の出現を助長する。「わたしは、女性として扱われれば扱われるほど、女性になっていった。否応なく適応していったのだ。車の運転でバックができなかったり、瓶をあけられなかったりして当然だと思われると、不思議にも、自分にはできなくなってしまったような気がしたのだ。荷物がわたしには重すぎるとひとが考えたら、説明はつかないけれど、わたしもまた、そんなふうに判断したのだ。(9)」ここでは比較によって、反転したまたは陰画的なピグマリオン効果〔女性らしい女性の創造〕が見事に喚起されている。その効果は、あまりに早期からあまりに継続的に女性におよぼされるため、ほとんど完全に気づかれなくなってしまうのだ（たとえばわたしが思い浮かべているのは、女子生徒がある種の学科、とりわけ科学技術に関連した学科に進学しようとするのを、親や教師や同級生がやめさせる——より正確には「勧めない」——ことである。「先生たちはいつも、わたしたち〔女子〕のほうが〔男子よりも〕傷つきやすいって言うから、そうすると……わたしたちもそんな気になってしまう」。「いつも繰り返しこう言われる、理系は男子のほうが簡単だって。そう言われると、やっぱり……」）。こうして理解できるのは、この論理にしたがえば、「騎士道的な」保護そのものが、女性の隔離につながったり、その正当化に役立ったりしうるだけでなく、女性のためではないという理由で、現実世界のうちの「女性が向いていない」あらゆる側面との接触から女性を完全に遠ざけることに貢献しかねないことだ。

ものごとの秩序に組み込まれたあらゆる規律遵守の呼びかけ、あらゆる暗黙の厳命や、世界の通常の運行に内在する密かな脅迫は、いうまでもなく「界《シャン》」特有のものになる。こうして両性間の差異は、女性に対して、それぞれの界に特有のかたちをとって現れる。たとえば、その界で通用する、誰も性別化されたものとして把握しようとは思わない、したがって問いに付そうとは思わないような、慣習行動に関する支配的な定義を通して現れる。支配者に固有の本性は、自分たちの個別のあり方を普遍的だと認めさせることができる点にある。どんな分野でも、優秀さの定義には男性的な含意が詰まっているのだが、そうした含意の特徴は男性的に見えないことだ。ポストの定義、とりわけ権威あるポストの定義には、性的なコノテーションを持つありとあらゆる種類の能力や適性が含まれる。これほど女性にとって占めるのが難しい地位があるのは、そうした地位が男性にぴったり合うようにつくられており、男性の男らしさというものが、今日の女性のありかたに対立するものとして構築されてきたからだ。ある地位を完全にうまく担うには、女性はそのポストの求人情報で明示的に要求されるものだけでなく、そのポストを占める男性たちが通常そこに持ち込むいろいろな特性をすべて持ち合わせる必要があるだろう。それは、ある種の体格や声、または攻撃性、自信、「役割距離」[10]、いわゆる生まれ持った権威など、そのために男性が男性として暗黙のうちに準備し、訓練されてきたものである。

言い方を変えれば、女性を判定するために用いられる基準には、なんら普遍的なところはない。いわゆる普遍主義的なフェミニズムは、支配効果をわかっていないないし、支配者の見かけ上の普遍性がどれほど被支配者との関係によって成立しているのか――ここでは男らしさに関わるすべてがそうなのだが――わかっていないため、じっさいには女性との対立によって構築された男らしい男性のもつ歴史的な特性を、人間存在の普遍的な定義に組み込んでしまう。ところが、いわゆる差異主義的な見方のほうは、これまた支配的な定義が歴史的な支配関係とその不可欠の構成要素である差異の追求〔男女を差異化する傾向〕によって成立しているのをわかっていないため（結局、男らしさとは、女らしくなさ以外のなにものだろう）、やはり、女性的な経験にあらためて価値を与えようとして、ソフトなかたちの本質主義にならざるをえない。サンゴール流のネグリチュードが、黒人をめぐる支配的な定義のいくつかの特徴、たとえば感受性などを受け入れたように、差異主義的な見方は、ほかでもない「差異」が現れるのは被支配者に対して支配者の視点を採用したときであるのを忘れている。そして（たとえばチョドロウのように、男性的な分離性 separateness に対して関係性 relatedness を称揚したり、フェミニスト的なエクリチュールの擁護者のように、身体への特殊な関係を称揚したりしながら）〔男性に対して〕差異化をくわだてるとき、差異化の相手そのものが歴史的な差異化関係の産物であることを忘れているのである。[11]

知覚される存在としての女性

女性的ハビトゥスの生成過程と、それが現実化するための社会的条件においては、すべてがからみあい、女性にとっての身体の経験は、対他身体〔他人のための身体〕をめぐる普遍的な経験の極限になってしまう。対他身体とは、他者の視線と言葉による対象化に絶えずさらされている身体である。自分自身の身体に対する関係は「身体イメージ」につきるものではない。身体イメージとは、つまり、行為者がみずからの社会的効果（誘惑する力、魅力など）について抱く、一定の度合いの自己尊重 self-esteem と結びついた主観的表象（セルフイメージ、または鏡に映った自我 looking-glass self）であり、大部分において、他者（両親や同僚など）から戻ってくる描写的で規範的なフィードバック〔身体的特徴に言及したり、あるべき理想との違いをコメントしたりするもの〕という、身体の客観的表象を出発点として構成されるものだ。このようなモデルが忘却しているのは、〔身体をめぐる〕相互行為の中核に、社会構造の全体が、相互行為をする行為者たちの身体に組み込まれた知覚と評価の図式というかたちをとって現前していることだ。そうした図式——そこには各集団の基本構造（背が高い／低い、強い／弱い、ふとっている／ほっそりしているなど）が組み入れられている——は、行為者とその身体のあいだに、そもそものはじまりから介入している。なぜなら、行為者の身体が他者から引き出す反応や他者に与える表象《イメージ》と、そうした反応を受けとる行為者自身の知覚〔受け取り方〕そのものが、おなじ図式にそって構築されているからだ。「背が高い／背が低い」や「男／女」といった対立を出発点として生みだされる反応（たとえば「女の子にしては背が高すぎる」とか「それは女の子には都合の悪いことだ」とか「男の子だったらたいした問題じゃないのに」といった反応、つまり「男にはけっして欠点はない〔どんなことも男の場合は欠点にはならない〕」というカビリアの諺を言い換えたような反応）は、関連する図式を獲得する機会であり——その図式を主体自身が自分の身体に当てはめ、おなじ反応をうみだすことになる——、そうした図式がもたらすような、自分自身の身体をめぐる実践的な経験をする機会なのである。

このように、知覚される身体は、二重の意味で社会的に決定されている。知覚される身体は、一方では、一見するとこのうえなく自然に見える部分（大きさ、身長、体重、肉づきなど）にいたるまで、それが生み出される社会的な条件に左右される社会的な産物である。その〔身体的特徴の〕生産を媒介するものとして、たとえば労働条件（職業習癖とそれに由来する職業病）や食事の習慣がある。身体的な性向《ヘクシス》とは、本来の物質的《フィジック》な身体の形態（〔容姿《フィジック》〕）にくわえ、身のこなし、態度、姿勢を含むもので、それが「人格」の「本性〔自然〕」、「深層の存在」の真の姿を表現するものとされる。というのも、「物質＝身体的なもの」と「精神＝道徳的なもの」が一致しているという基本前提があるからだ。この前提こそが、実践的な、または合理化された認識を生み出している。それは「心理的」ないし「道徳的」な特性を、身体的または観相学的な手がかりと結びつけることを可能にする認識である（たとえば、やせてすらりとした身体は、身体的な欲望を男らしく制御していることをあらわすしるしとして知覚されがちだ）。しかし、この自然の言語、なによりも隠れたなによりも真なるものをあらわにするとされる言語は、現実には、社会的アイデンティティの言語なのである。こうして社会的アイデンティティは、たとえばいわゆる自然な「上品さ」とか「下品さ」として自然化されるのだ。

他方、こうした身体的な特性を把握するための知覚の図式が、評価行為のなかでどのように使用されるかは、〔行為者が〕社会空間に占める位置に左右される。現行の分類は、支配者側によく見られる特性と、被支配者側によく見られる特性を、序列化しながら対立させる傾向がある（やせている／太っている、背が高い／低い、優美／粗暴、繊細／鈍重など）[12]。自分自身の身体の社会的表象を、行為者ひとりひとりは、おそらくかなり早い段階から考慮に入れるはずだが、その社会的表象の獲得にあたって適用される社会的な分類の原理は、その分類の適用対象である身体の原理とおなじなのだ。[13] そうしたわけで、視線は、サルトルが主張したような、普遍的で抽象的な単なる対象化の権力ではない。視線とは象徴権力であり、その効力は、知覚する者と知覚される者との相対的な位置関係と、そのときに作用する知覚と評価の図式が当事者にどれだけ知られ認知されているかに左右されるのだ。

身体の実践的経験――社会構造の身体化に由来する基本図式を自身の身体に適用するなかで生じ、おなじ図式にそって自身の身体が他者に引き起こす反応によって、たえず補強される経験――は、行為者ひとりひとりが自分の身体に対する持続的な関係を構築する際の原理のひとつである。独特の身のこなしや、からだの見せ方が表現しているのは、なによりも、実践的に経験して〔感じて〕いる身体と正統な〔あるべき〕身体とのあいだの距離であり、それは同時に、相互行為の成功可能性を実践的に先取りするものだ。この先取りが（自信や余裕や落ち着きなどとして描かれる特徴によって）、相互行為の成功可能性を定める〔この場合は高める〕一因となる。自分の身体の経験として、居心地が悪いとか（「疎外された身体」の経験の最たる形式である）、落ち着かないとか、または臆病だとか恥ずかしいと感じる可能性は、社会的に要請される身体と、他者の視線と反応が強いる実践的な身体への関係との格差が大きいほど高くなる。その可能性は、性別と社会空間における位置によって大きく変わる。たとえば、背が高い／低い〔大きい／小さい〕という対立は、多くの実験が示すとおり、行為者が自分の身体を感じ、実践的に使用する際、とりわけ自分の身体を位置づける際の、基本原理のひとつである[14]（一般的なイメージとして男性に与えられるのは、支配的な位置、包容し、監視し、上から見下ろす庇護者の位置である）[15]。この対立は、それぞれの性で特有の意味をもち、性別そのものが、この対立を通して考えられる。社会空間における支配者と被支配者との関係にも見てとれる論理として、両者におなじ対立を活用させる論理がある。ただし、それは、対立する二項に反対の価値を与えさせる論理なのだ。この論理により、男性は自分の身体の「小さすぎる」と思う部位に不満を示すのに対し、女性はむしろ「大きすぎる」と思える部分に批判を向けることが、シーモア・フィッシャーとともに確認できる。

男性支配は女性を象徴的な対象の位置におく。象徴的な対象の存在（esse）とは知覚される存在（percipi）である。男性支配の効果として、女性はたえまない身体的不安、より正確には、象徴的依存の状態におかれる。女性は、まず他者の視線によって、他者の視線のために存在する。すなわち、他者を受け入れ、惹きつける、他者が自由に扱ってかまわない対象として存在するのだ。女性に期待されるのは、「女らしい」こと、すなわち微笑みを浮かべ、感じがよく、気が利いて、ひとの意見にしたがい、慎み深く、控えめであること、さらには目立たないことである。いわゆる「女らしさ」とは、しばしば男性側の期待への迎合の一形式にほかならない。男性が現実に期待しているのか、そう推測されているだけなのかは別にして、とりわけ男性のエゴを増大させる点で、期待に迎合しているのだ。その結果、他者（男性だけではない）に対する依存関係が、女性の存在の不可欠な構成要素になりがちである。

この他律性はまさに、注意をひきつけて気に入られたいという、しばしば媚態《コケットリー》として示される欲望や、恋愛に多くを期待する傾向のような〔女性の〕性向の原理となっている。恋愛は、サルトルがいうように、自分の存在、まず自分の身体が、どれほど偶発的な個別のものであっても、「自分が存在しているのには理由〔正当性〕がある」という感覚をもたらしてくれる唯一のものだ[16]。女性はたえず他者の視線のもとにおかれるため、自分が縛りつけられている現実の身体と、自分が近づこうと休みなく苦労している理想の身体とのあいだのずれを、つねに感じずにはいられない[17]。女性は、自分を成り立たせるために他人の視線を必要とするため、自分の身体的外見、身のこなしやからだの見せ方がどれだけ評価されうるか、たえず先取りして見積もり、行動するときには、その見積もりによって誘導される（そのため、身体的な居心地の悪さや臆病さのかたちで、社会的な評価を身体化し、自己卑下する傾向が、程度の差こそあれはっきりと現れるのである）。

とりわけ小市民階級《プチブル》は、社会空間に占める位置により、社会の視線に対する不安がもたらすあらゆる効果にさらされているので、そこで女性は象徴的疎外の最終形態に達する。（社会的地位の効果は、このようにジェンダーの効果を補強する場合もあり、弱める場合もあるが、どうやらけっして無効にはしない。）逆の場合《ア・コントラリオ》として、スポーツを熱心に実践すると、女性の身体の主観的・客観的経験に根底的な変容がもたらされる。そのとき女性の身体は、ただ他人のため、またはおなじことだが、鏡のためにだけ存在するのではなくなる〔鏡とは、自分を見るだけでなく、自分がどう見られているのかを見ようとし、見られたいように見せようとするのを可能にする道具である〕。スポーツをする女性の身体は、ただ見られるためのもの、または他人から見られてもいいように〔自分で〕見るべきものではなくなる。それは対他身体〔他人のための身体〕から対自身体〔自己のための身体〕へ、行為をうける受動的な身体から行為する能動的な身体にかわる。ところが、〔男性に身体を〕自由に扱われてもよいという暗黙の関係をたちきり、いわば自分の身体イメージと同時に自分の身体を取り戻した女性は、男性の目には「女らしく」なく、ひいてはレズビアンのように映る。これは知的な独立の表明だが、身体的な〔体型の〕変化にも現れて、酷似した効果を生み出すのだ[18]。

より一般的に、どんなものでも権力の掌握は、女性をダブルバインドの状態におく。男性のように行動すると、もっていて当然の属性「女らしさ」を失う恐れがあり、また権力ある地位に対する男性の自然権〔男性には権力ある地位につく権利が本来備わっているという考え〕を問いに付してしまう。女性のように行動すると、能力がなくて地位に適していないと見られてしまう。この矛盾する期待は、女性が象徴財の市場に供給される対象として構造的にさらされている期待をひきつぐものにほかならない。その市場で女性は、ひとの気に入り、ひとを誘惑するためにすべてを活用するように促されると同時に、男性の視線による判断に先立つ従属が引き起こしたと見えかねない〔男性側からの〕誘惑の駆け引きを退けるよう厳命されているのだ。このような、閉鎖と開放、慎みと誘惑との矛盾する結合を実現することは難しい。それが男性の判断に委ねられており、男性が無意識的な、または欲得ずくの解釈ミスをおかしうるため、なおさら難しい。そういうわけで、ある情報技術者の女性が指摘したとおり、性的な冗談を前にしたとき、女性には、その場を抜け出すか、その場にとけこむために（少なくとも受動的に）加わるかの選択肢しかないことがしばしばである。しかし、後者の場合、性的差別やセクシュアル・ハラスメントの被害者になっても、もはや異議申し立てができなくなる危険に身をさらすことになる。

女性の身体経験についてもっとも鋭い記述のひとつを提示しているサンドラ・リー・バートキーは、「自分の身体に関する深い不安」と「身体的に不適格であるという鋭い感覚」が女性の心に刷り込まれるのを、ただ「ファッション美容複合体」（fashion-beauty complexe）の作用のせいにしている。[19] たしかにその作用はきわめて大きいが、そこだけに原因を見るのは間違いだとわたしには思われる。そうした制度の効果は否定できないとしても、それは男女の基本関係の効果を強化しているにすぎない。基本関係において女性は、支配的なカテゴリー、すなわち男性のカテゴリーを通して自身を知覚せざるをえない被知覚存在の位置を授けられて〔制定されて〕いるからだ。女性の欲望がもつ「マゾヒスト的な次元」、すなわち――またサンドラ・リー・バートキーによると「多くの女性が、支配的なステータスをもつ男性に刺激を感じる」[20]ことになる――、あの種の「社会的な支配関係のエロス化」[21]を理解するには、こう仮定しなくてはならない。女性は男性に（また、副次的には「ファッション美容複合体」の制度にも）、「からだに欠点があるという感覚」を減らすためのうまい手段を提供してほしいと求めている、という仮定である。ところで、権威をもつ強者の視線、とりわけほかの男性に対する視線こそは、このような安心の機能を満たすのに最適だと想定できる。[22]

女性から見た男性のものの見方

支配関係の構造は双方を制約する。したがって支配者の側もまた、恩恵にあずかれるいっぽう、マルクスの言葉をかりれば、「支配者であることによって支配されて」いる。というのも、すでに〔上述の〕大小の対立に関連したあらゆる作用がじゅうぶん示すとおり、支配者は自分自身にも（すなわち自分の身体と自分のありかたとやることすべてに）無意識の図式を当てはめずにいられないからだ。支配者の場合、無意識の図式が並外れた要求を生む――たとえば自分より背の低い男性とは結婚したがらない女性たちは、そのことを察知し、暗黙のうちに認めているのだ。したがって、男性にとっての支配経験を、矛盾したものとして分析しなくてはならない。そのために問いかける相手はヴァージニア・ウルフ、ただし、ひっきりなしに引用されるあのフェミニズムの古典、『自分だけの部屋』や『三ギニー』の作者ではなく、むしろ『灯台へ』の小説家である。書くことによって〔抑圧された無意識の〕想起がうながされたおかげか、この小説で提示される男女関係の描写からは、性と金と権力をめぐる紋切型が取り除かれているのだが、もっと理論的な著作ではまだ紋切型が使われているためだ。[23] じっさい『灯台へ』という物語の背景に発見できるのは、女性の視線を喚起する際の比類ない明晰さである。喚起される女性の視線自体も明晰で、特に男性なら誰もがおこなうあの絶望的な努力を見通している。男性はこうあるべきだという子供じみた考えに見あう存在になるための努力、勝ち誇った無意識〔本人が見事なまでに意識していないところ〕がかなり痛々しいあの努力である。

　こうした明晰さ、男性を心配する寛容な明晰さを、ヴァージニア・ウルフは小説の冒頭から喚起する。じっさい、夫の独り言が客人に聞こえたのではないかと懸念するラムジー夫人とは異なり、おそらく大半の読者、それも男性読者は、いちど読んだだけでは、ラムジー氏のおちいった奇妙でいささか滑稽ですらある状況を理解できないどころか、それに気づきもしないだろう。「その時突然、目覚めかけた夢遊病者の叫びのように、『無数の弾丸《シェル》を浴びながら』と歌う声が夫人の耳もとに異様に大きく響いたので、思わず彼女は〔夫の声が〕誰かの耳に入らなかったか、心配そうに周囲を見回した。[24]」おなじように、数ページ先でラムジー氏がほかの登場人物、リリー・ブリスコウとその友人に鉢合わせする場面も理解できないだろう。すこしずつ、異なる登場人物たちの抱く異なるものの見方を通じてようやく、読者はラムジー氏の振舞とそれにかかわる妻の心配を理解することになる。「聞こえるように独り言を言ったり、大声で詩を朗誦する癖も、だんだんひどくなっている。あれは確かにはた迷惑な癖[25]」。小説の冒頭では立派な男性、父親として登場していたラムジー氏が、子供じみた言動の現場をおさえられるのである。

　ラムジー氏という人物の論理はすべて、この見かけ上の矛盾のなかにおさまる。ラムジー氏は、『インド゠ヨーロッパ諸制度語彙集』でバンヴェニストが喚起する古代の王のように、話すことが判決になる人物である。[26] 翌日の灯台へのピクニックが楽しみでたまらない六歳の息子ジェイムズの「途方もない喜び」を、氏はひとことで無に帰することができる（「『でも』と、ちょうどその時客間の窓辺を通りかかった父親が足を止めて言った、『晴れにはならんだろう』」）。彼の予測には、強い意味で、みずからの正しさを証明する力がある。つまり自分の言葉を真実に変える力がある。ラムジー氏の予測は、たとえば命令、祝福、呪いのように作用し、まるで魔法のように、言ったことを生じさせる。あるいは、はるかに恐るべき効果により、予知能力をもつ幻視者にだけ感知できる前兆を、ただ端的に口にしただけになる。というのも、ほとんど神のような幻視者は、世界の正しさを認め、自然（自然界の自然さや社会における自然さ）の法則を理性と経験の法則に変換し、合理的かつ理性的な科学と叡智の発言に変換することで、そうした法則の力を倍加できるからだ。父親の予言がおこなう絶対命令的な事実確認〔そうでなくてはならないという断言〕は、科学にもとづく予見として、未来を過去に関連づける。それはまた、叡智にもとづく予知として、このいまだ現実ではない将来を、経験と経験が含意する絶対的な順応主義により、すでに現実として承認するのである。

法則の身体症状化につながるような心身行為がなされるのは、おもに、家族のなかで（性的な力だけでなく）正当な象徴的暴力を独占している者を介してである。父親の発言に〔権威の〕創設、創造的な命名という呪術的な効果があるのは、直接身体に語りかけるからだ。フロイトが想起しているように、身体はメタファーを字義どおりに受けとる。また、「天職」というものが（性別だけでなく生まれやそのほか多くの可変要素に応じて）じっさいに就ける地位にたいてい驚くほど合致している理由の大部分は、おそらく次の点にある。つまり、天職の形成に大きく寄与する父親の権力《パテルナ・ポテスタス》からの言葉と判断は、恣意的に特別なはからいをしているだけに見えるときもあるが、そのようなときですら、それを発する人物自身は、必然性の検閲〔既成秩序において必然的かどうかの判断〕によって、必然性の検閲をおこなうために形成された人物であり、そのため現実原則を快楽原則として持つ傾向がある人物だからだ。

　父性的な断定は、ものごとの秩序への無条件の同意であり、母性的な理解と対立する。後者は、父性的な判決に反論して、純粋に信じる心から、〔父の断定する〕必然性に異議を申し立て、偶発性を主張する――「でも晴れるかもしれませんよ。なんだか晴れるような気がするわ」[27]。この母性的な理解は、欲望と快楽の法則に対して自明のように同意するが、この同意の裏では、現実原則に対して条件つきで二重に譲歩している。「『そう、もちろんよ、もし明日が晴れだったらばね』とラムジー夫人は言って、つけ足した。『でも、ヒバリさんとおなじくらい早起きしなきゃだめよ』」。父による否定の言葉は、口にされる必要もなければ、正しさを証明する必要もない。道理のわかった人間は（「道理をわきまえなさい」、「そのうちおまえにもわかる」）、不可抗力を前にしたら、何もいわずに屈するほかに選択肢はない。父の言葉がもっとも恐ろしい無情な気遣いを見せるのは、予防策としての予言の論理のなかに位置づけられるときだ。そうした予言が恐るべき未来を告げるのは、お祓いをするためである（「おまえは将来だめになる」、「家族みんなの面汚しになる」、「ぜったい大学には受からない」など）。そうした予言が事実によって確かめられると、回顧的な勝利宣言がなされる（「だから言っておいたじゃないか」）。これは、予言がはずれなかった失望からくる苦悩を、しらけつつ埋め合わせるものだ（「わたしの言ったことが間違っていたと、おまえが証明してくれればいいと思っていたのだが」）。

このような、世界の秩序と共犯関係にある興ざめな現実主義こそが、父への憎悪を爆発させる。思春期の反抗の場合とおなじく、そうした憎悪は、父性的な言説が明るみに出すとされる必然性に対してよりもむしろ、全能の父がそうした必然性に恣意的に同意し、そうやって自分の弱さを証明していることに向かう。その弱さは、抵抗もなく同意するような、あきらめて共犯関係を結ぶ弱さであり、夢を打ちくだく残酷な喜びから満足とうぬぼれを引き出すような、自己満足の弱さである。夢を打ちくだく〔幻滅させる〕とは、すなわち、父親自身の幻滅、父親自身のあきらめ、父親自身の敗北を〔子どもと〕分かちあうことである。「手近に斧か火かき棒があれば、あるいは父の胸に穴をこじ開け、その時その場で彼を殺せるようなどんな武器でもあれば、ジェイムズは迷わずそれを手に取っただろう。ラムジー氏が、ただそこにいるだけで子どもたちの胸に引き起こす感情の嵐は、それほど凄まじいものだった。今もそうだが、ナイフのようにやせこけた体と、その刃にも似た頑固さとを見せつけながら、彼はどこまでも皮肉な笑みを浮かべて立ちつくしていた。それは単にジェイムズの夢を打ちくだいたり、彼にとってはラムジー氏よりも一万倍も素敵な夫人を馬鹿にしてみせたりするためばかりではなく、自分の状況判断の正確さにひそかな自己満足を感じるためでもあるようだった。[28]」幼年期と思春期のもっとも過激な反抗は、父親に対する反抗というよりもむしろ、〔ものごとの秩序に〕従属した父親についつい自発的に従属してしまうことへの反抗、父親に従い、父親の道理を認めてしまうという最初の反応に対する反抗なのかもしれない。

　この点において、自由間接話法の使用によって発話主体があいまいになるおかげで、知らないうちに、父親に対する子どもの視点から父親の父親自身に対する視点への移行がなされる。この視点は、現実にはまったく個人的な視点ではない。というのも、これは、支配的で正統な視点である以上、社会空間から割り当てられた〈しかるべき存在《ありかた》〉をみずからの存在《ありかた》として実現しようとする者の権利と義務とをもっている自己に対する高評価にほかならないからだ――それは、ここでは、男性と父親の理想であり、彼はそれを実現することを自分の義務と心得ている。「わしの言うことは正しい。いつだって正しい、と彼は考えていた。嘘は我慢できないし、事実に勝手に手を加えたことなど一度もない。誰かを喜ばせたり楽にしたりするために、不愉快な言葉を弱めてはならない。それが自分の子どもたちならなおさらだ。わしの腰から生まれた子どもたちこそ、小さい頃から人生の厳しさ、事実のゆるぎなさを知っておくべきだ。どんなに輝かしい望みも潰《つい》え去り、乗り込んだ小舟は闇に沈み果てるという、あの伝説の国への旅というものは（ここでラムジー氏はいつも背筋を伸ばし、水平線に向かって〔水平線を見据えて〕

小さな青い目を細める仕草をするのだったが）、何よりもまず、勇気と真実と耐え抜く力を必要とするのだから。[29]」

この角度から見ると、もはやラムジー氏の根拠のない厳しさは、夢を打ちくだく喜びとおなじ利己的な衝動の効果なのではない。それは、ある選択の自由な肯定である。選択されたのは、正確さと正しく理解された父性愛であり、この父性愛は、女性的な――しかも盲目的に母性的な――寛容のもつ罪深い安易さに身をゆだねることを拒み、世界の必然性の持つもっとも無情な部分を表現することを自分の義務と心得ている。おそらくそれこそが、ナイフと刃のメタファーの意味なのだ。このメタファーは、素朴なフロイト流の解釈ならば平板化するだろうが、カビリア族の場合とおなじく、男性の役割を――役割という演劇的な用語とメタファーが例外的にここでは避けられない――断絶、暴力、殺人の側に位置づける。すなわち、母性的な自然との原初的な融合や、女性的な自然の持つ衝動や欲動、放任や無頓着に対抗して構築された文化的秩序の側に、である。そろそろ推測できるだろうが、加害者もまた被害者なのであり、父の言葉は、その権能ゆえに、起こりそうなことを運命に変換してしまう危険にさらされているのだ。

このような印象は、ひとことで反論を許さず息子の夢を消し去ったばかりの頑固な父が子どものように振る舞っているのを目撃される場面を読むと、いっそう強くなる。そのとき彼は、リリー・ブリスコウとその友人を「他人のプライバシーに土足で踏み込んだような気分」にさせ、「見てはいけないもの〔見せる意図のなかったもの〕[30]」を見せてしまうのだ。ここではつまり学界での成功欲《リビドー・アカデミカ》の妄想《ファンタスム》が、戦争ごっこのなかに隠喩的に表現されているのである。しかし、テニスンの詩がラムジー氏の心に巻き起こす長い夢想の全体を引用しなくてはならない。そのなかでは、戦地の冒険の喚起が――死の谷への突撃、負け戦、隊長の英雄性（「だが、わしは身を横たえて死にたくなどない。どこかにそそり立つ岩塊を見つけ、その上から吹雪をにらみつけ、〔中略〕立ったままで死にたい」[31]）――哲学者の死後の運命をめぐる不安な想いと親密に混じり合っている（「Zにたどり着ける人間は、せいぜい一世代に一人くらいだろう」、「なるほどRには届かないかもしれない」[32]）。「一体Zまでたどり着ける人間は、それを望む数千万人のうちに何人くらいいるのだろうか？　ほとんど望みを絶たれた探検隊長〔ブルデューは仏訳に依拠して軍隊の長と解釈している〕ならば必ずそう自問するだろうし、『たぶん一人だけ』と答えたとしても、残りの隊員たちを裏切ったことにはなるまい。おそらく一世代に一人だけ。もしそうだとすれば、自分が誠実に努力を重ね、これ以上は無理なほど力を注ぎ込んで〔できるすべてのことをして〕も、その一人になれなかったからといって、非難されるいわれがあろうか？　それにしても、わしの名前〔名声〕は一体どのくらい後世に残るのだろう？　すでに死を覚悟した英雄なら、死後のおのれの評判を気にかけることも許されよう。かりに名声が二千年はもったしようか。〔中略〕歳月の空しさや星々の衰亡を見届けるほど〔じゅうぶん高くまで〕には峨々《がが》たる山巓《さんてん》をきわめた隊長が、死んで身体がこわばらぬうちに、せめて麻痺した指を額にかざし胸を張る姿勢をとることで、後に捜索隊が来て、最後まで戦い抜いた兵士の姿をそこに見出すようにひそかに願ったとしても、何の不自然さがあろうか？　ラムジー氏は石鉢のそばに立ったまま、思わず肩をいからせて〔からだをまっすぐにして〕、胸を張った。誰に非難できよう？　こうして立ち尽くしながら、わしが名声や捜索隊のこと、さらに弟子たちが感謝をこめて墓所に積み上げてくれる石塚〔ピラミッド〕のことにまで考え及んだとして。最後に、〔誰が非難できよう〕、悲運の隊長のことを(33)〔後略〕」。

オーバーラップという、ヴァージニア・ウルフ得意の手法が、ここで見事な効果をあげている。戦地の冒険とそれを聖別する名声とは、知的な冒険とそれが追求する有名性という象徴資本のメタファーなのだが、遊戯的なイルーシオは、非現実性のレベルを高めて、したがってあまり負担をかけずに、通常生活のアカデミックなイルーシオを再現することを可能にする。そのとき一緒に再現されるのは、そうしたイルーシオの生死に関わる争点と、情熱的な投資〔備給〕である——それこそが、ラムジー氏と弟子たちの議論をかき乱すものだ。遊戯的なイルーシオは、部分的かつ制御されたかたちで思い入れをやわらげる〔投資を削減、備給を撤収する〕作業を可能にする。その作業は、幻滅を引き受け、乗り越えつつ、基本的なイルーシオを救うために必要なのだ（「わしは天才肌ではないし、天才だと言い張るつもりもない(34)」）。基本的なイルーシオとは、ゲームそのものへの思い入れであり、ゲームが、何はともあれ最後まで、それも規則どおりにプレイされるに値するという確信である（とにかく、最後の一兵卒だって、すくなくとも「立ったまま死ぬ」ことくらいはできるのだから……）。この心底からの思い入れは、本質的にポーズとして表現され、身体的なポーズ、位置や身振りによって成就される。いずれも身体をまっすぐに、直立させ、屹立させる方向性をとる。身体の象徴的な代理物である石塚〔ピラミッド〕や彫像を立てるのもおなじ表現である。

この根源的なイルーシオは、男らしさの不可欠な構成要素であり、おそらく支配欲の基礎となるものだ。支配欲は多様な〈界〉でそれぞれ特有の形式をとるが、いずれの場合もかわらない[35]。支配欲によって、男性は（女性と対立するものとして）社会的に叙任〔制定〕され、子どものように、社会が自分に割り当てたすべてのゲームにのめり込んでしまうように教育されている。そうしたゲームの最たる形式は戦争である。なによりも深い思い入れ〔学問領域での闘争〕にたいする幼児的な自己満足をさらす夢想に目覚めたまま浸っているのを目撃されてしまったとき、ラムジー氏は突然、自分がほかの男性たちとおなじく専心しているゲームが、じつは児戯だと露呈させる。そうしたゲームの真実が知覚されないのは、まさに集団的な結託により、人びとが当たり前とみなすものがもつ現実性と必然性がゲームに付与されているからだ。社会的実存に必要不可欠なゲームのなかで、真剣なゲームと呼ばれるものが男性だけにとっておかれ、女性は子育てと子どもじみた言動とに身を捧げていること（「夫人は、目まいを覚えながらも返事はせず、〔中略〕身をかがめた〔中略〕。言うべき言葉が見つからなかった。[36]」）、それは、男性もまた〔大人の〕男性を気取る子どもであることを忘れさせるのに貢献する。男性だけの特権の根底には、人間の類的な疎外〔自由で意識的な社会活動における自己喪失〕がある。男性は、なんらかの支配形式を争点とする社会的ゲームを認知するよう育てられ、早くから、とりわけ制定儀礼によって、支配者として指名され、それゆえに支配欲を備えているからこそ、支配のためのゲームに専心するという諸刃の特権をもつのである。

女性のほうはどうかといえば、特権を争うゲームに欺かれていない、たいていの場合は、少なくとも直接的に一人称では、そこに参加させられていないという、まったく消極的な特権を持っている。女性たちは、そうしたゲームが男性たちにもたらす空しい自己満足を見てとることすらもできるし、そこに代理をとおしてコミットしないでいるうちは、「子どものような大人の男性」の、大人ぶろうとする絶望的な努力と、挫折によって彼らが陥る子どもじみた絶望とを、おもしろがりながら寛容に眺めていることもできる。女性たちは、どんなに真剣なゲームに対しても、岸から嵐を見つめている観察者のもつ、距離をおいた視点をとることができる——そのせいで、女性たちは、真剣な事柄、たとえば政治などに興味を持てない軽薄な人間だと見なされてしまうことがある。しかし、こうした距離は支配の効果の一つなのだから、女性たちはほぼつねに、ゲームの参加者〔夫や息子など〕に対する感情的な連帯によって、参加することを余儀なくされる。そうした連帯はゲームへの本当に知的・感情的な参加を必ずしも伴わないのであり、女性たちはそれによって頻繁に、無条件に応援はするものの、ゲームとその賭金＝争点の現実についてじゅうぶん通じてはいないようなサポーターになる。(37)

このようにして、ラムジー夫人は、大声で「軽騎兵進撃」を朗誦する夫が陥った厄介な状況を、即座に理解する。夫人が夫のために心配しているのは、そんなところを見とがめられて滑稽に思われると辛いのではないかということよりもむしろ、そうした奇妙な行動の起源にあるつらさである。夫人の態度がそのことを物語っている場面がある。「ジェイムズの夢を打ちくだいたり、〔中略〕夫人を馬鹿にしてみせたり(38)」するという（代償的な）嗜好に迎合したばかりの厳格な父親が、傷つき、大きな子どもにすぎないという真の姿に帰してしまい、イルーシオと幻滅から生じた辛さへの、妻の同情を求めてやってくる場面である。「彼女はジェイムズの頭をなでながら、夫に向けるべき〔向けている〕愛情をむしろジェイムズに注ごうとした(39)〔注いだ〕。」実践の論理が可能にするあの凝縮によって、ラムジー夫人は、愛情のこもった保護の身振りをし――彼女の社会存在の全体によって彼女はその身振りをするよう定められ、そうする準備もできていた(40)――、その身振りのなかで、現実のたえがたい否定性を発見したばかりの幼い男性〔ジェイムズ〕と、自身の「災難」〔鉢合わせ〕によって一見すると不釣り合いなほど大きな困惑のなかに投げ込まれ、その真実のすべてをさらけだすことを受け入れた大人〔ラムジー氏〕とを、同一視しているのだ。ラムジー氏は、灯台への遠足について自分が述べた判決をはっきりと話に出し、そのときの乱暴な言い方について夫人の許しを請うているが（氏は「冷やかし半分の気まぐれに〔ややためらいがちに〕、ジェイムズのふくらはぎを」くすぐったり、「少し〔きわめて〕おずおずした調子で」沿岸警備隊に天気予報を聞きにいってみようかと申し出たりする）、そうした態度により、あの癇癪が、滑稽な〔朗誦の〕場面と、イルーシオと幻滅のゲームとに関係があることを、とてもはっきりと暴露しているのだ。[41] たとえ、みずからの明察を隠そうとしてはいても（それはおそらく夫の尊厳を守るためだ）、ラムジー夫人は完全に知っている――容赦ない〔明日は灯台に行けないという〕判決を発したのは、哀れな存在であり、彼もまた現実の容赦ない判決の犠牲者として、哀れみを必要としているのだということを。物語のもっと先になるとわかるのだが、彼女は、夫がいつでも傷ついてしまう敏感なポイントを完全に知りぬいている。『ああ、でもいつ頃まで読み継がれるんでしょうね』と誰かが言った。夫人にはあたかも揺らめく触覚のようなものがあって、ある種の言葉に触れると、すぐに彼女の注意をそこに向けさせるのだが、これはまさにその種の言葉だった。彼女はその表現の中に、夫にとって危険なものの〔夫からくる危険の〕匂いを嗅ぎつけた。こういった質問は、必ずと言っていいほど、夫に自分自身の失敗を思い起こさせるような会話のやりとりに導くことになる。わしの本はいつ頃まで読まれるのだろう――彼はすぐにそう考えるだろう。[42]」けれども彼女は、もしかしたらそうやって、不幸な男性の戦略という、究極の戦略に負けているのかもしれない。不幸な男性は、子どものふりをすれば、ステータスからして女性に割り当てられている母性的な同情への性向を呼び覚ませる確信があるからだ。[43]

本来であればここで、言葉をぼかした見事な〔尋常ならざる〕ダイアローグを引用しなくてはならないところだ。そのなかでラムジー夫人はたえず夫をいたわっている。まずは、たとえばラムジー氏の怒りとその原因として持ち出されたものとのあいだの不釣り合いをとりあげて反論したりはせず、夫婦喧嘩の見かけ上の争点を受け入れている。ふたりがかわす、見かけ上はあたりさわりのない一言一言には、それよりもはるかに大きくて深い賭金がかかって〔争点が関わって〕いる。敵同士でありパートナーである二人は、対話者についての親密でほぼ完璧な認識にしたがい、そのことを承知している。そうした認識は、欺瞞における最小限の共犯性とひきかえに、相手とのあいだに、無に等しいことをめぐって、すべてに関する究極の葛藤をひきおこすことを可能にするのだ。このような、すべてであると同時に無であるという論理のおかげで、対話者ふたりは、いつでも、このうえなく完全な無理解——相手の言説を見かけ上問題になっている対象（ここでは翌日の天気）のみにひきつけることで愚かしい言説に帰すこと——と、これまた完全な理解——ほのめかしによって口論が成立するための暗黙の条件であるが、同時に和解の条件でもあること——とのあいだで、自由に選択できる。「明日灯台へなど行けるわけがないじゃないか、とラムジー氏は癇癪を起こして、吐き捨てるように言う。／そうかしら、と夫人は答える。風向きなんて、よく変わるものですよ。／妻の言葉の途方もない不合理さ、女たちの考えの愚かしさが、彼を苛立たせた。わしは死の谷を駆け抜けた挙げ句、打ち砕かれもし、震え上がる体験もしてきた。そこへ今度は妻が公然たる事実に逆らって、子どもたちに問題外のこと、いや嘘としか言えぬことを信じさせようとして〔言って〕いる。『何てことだ！』と彼は叫んで、石段を踏み鳴らした。だが待てよ、そもそも妻は何と言ったというのか？　明日は晴れるかも、と言っただけじゃないか。そしてそうなるかもしれないのだ。／いやいや、こんなに気圧が下がって風向きが真西である限り、やはり無理だろう。(44)」

ラムジー夫人は、女性であるという条件のおかげで、見事な〔尋常ならざる〕明察をえている。たとえば、立方根〔原作では立方体〕や平方根、ヴォルテールとスタール夫人、ナポレオンの性格やフランスの土地保有制度などといった、なんとも軽薄に真剣な主題について男性たちがかわす会話をきくときに、彼女はそうした明察によって、「一人一人の考えや気持ちが、やすやすと見抜ける」のである。(45) 男性たちのゲームとは無縁であり、そうしたゲームが課す自我と自我の社会的欲動の強迫的な高揚にも無縁な彼女の目は、ごく自然に見抜いてしまう――ウォルター・スコットに賛成か反対かという問題についての立場表明が、一見するとどれほど純粋でどれほど情熱のこもったものであっても、しばしばその原理にあるのは、タンズリーのように、「自分を前に出したい〔目立ちたい〕」欲望（これまた身体の基本的な動きのひとつであり、カビリア族の「面と向かう」に近い）にほかならない。タンズリーとは、男性の自我崇拝を体現するもうひとりの登場人物である。「おそらく教授職を得たり、妻や家庭を持ったりして、『僕は――僕は――僕は』と繰り返さずにすむようになるまで、事態が変わることはあるまい。だって、あわれなスコット卿を批判する時も、あるいはジェイン・オースティンをけなす時だって、行き着くところは『僕は――僕は――僕は』なのだから。彼が考えているのはいつも自分のこと、そして自分が与える印象のことばかり、話す時の声の調子や強調の仕方、不安げな様子ですぐにわかる。一度自分の仕事がうまくいけば、多少は違ってくるんだろうけれど。(46)」

現実には、女性たちが、あらゆる社会的ゲームに対してとはいわなくとも、少なくともそれを演じる男性たちに対する依存から、これほど自由であること、つまり、男性のイルーシオについて、幻滅を押し進めてこのような種類のいささか優越感のこもった憐憫の念にいたるほど自由なことは稀である。女性が受ける教育のすべては、反対に、代理によってゲームに加わるため、すなわち外側にあると同時に従属した立場に入るため、そして男性の心配事に対して、ラムジー夫人のように、一種の心優しい気遣いと信頼のこもった理解を向けるための準備をさせるものだ。また、そうした気遣いや理解は、深い安心感を生み出すものでもある。[47] 権力のゲームから排除された女性たちは、そこにコミットする男性たちを媒介としてそこに参加するための準備をさせられている。それが夫であれ、ラムジー夫人の場合のように、息子であれ、かわらない。「彼〔ジェイムズ〕がていねいに冷蔵庫の絵を切り取っているところを見ていると、白貂《しろてん》をあしらった深紅の法服姿で法廷に現れたり、国家存亡の機に厳しく重大な計画を指揮したりする際の息子の姿が、われ知らず思い浮かびもするのだった。[48]」

こうした感情的性向の原理は、支配の分業において女性に割り当てられた地位《ステータス》のなかにある。カントはこう述べている。「戦争に出掛けるのは女という性の仕事でないのとおなじように、女性たちには、自分の権利を自分自身で守ることができず、また国家市民としての用件も自分自身ではなくただ代理人を通してしか処置することができない[49]」。カントは女性の本性〔自然〕のせいにしているが、諦めとは、ハビトゥスの必要不可欠な構成要素である性向の、もっとも深いところに組み込まれているものだ。ハビトゥスという第二の自然は、社会的に制定されたリビドーが、ふつうに欲望という意味で個別のかたちをとって成就されるときに、もっとも自然であるかのような外見をみせるのである。差異を生む社会化により、男性は権力ゲームを好む性向を持ち、女性は権力ゲームを演じる男性を好む傾向を持つようになるのだから、男性のカリスマとは、部分的には権力の放つ魅力であり、権力の保持がそれ自体として身体に――欲動と欲望自体が政治的に社会化されている身体に――およぼす誘惑なのである(50)。男性支配をもっともよく支えているもののひとつは誤認、すなわち支配関係そのもののなかで生まれた思考カテゴリーを支配者に適用することによって助長される誤認であり、運命愛《アモール・ファティ》の究極のかたちへとつながるものだ。それは、支配者への愛と支配者による支配への愛、支配者への欲望《リビドー・ドミナンティス》であり、一人称で支配欲《リビドー・ドミナンディ》を行使することに対する諦めを含意するものなのである。

第三章　永続性と変化

ヴァージニア・ウルフのすぐれた洞察力と、洗練をきわめた文体がなければ、社会秩序全体に組み込まれ、身体の暗がりのなかで作用するような形式の支配の、このうえなく巧みに隠蔽された効果にまで分析を押し進められなかっただろう（身体とは、そうした支配の効力を左右する争点であり、同時に原理でもある）。もしかすると、『自分だけの部屋』の作者の権威に訴えることは、性的支配関係の隠蔽された恒常的要素を想起する〔本書の〕作業に、いくらかの信憑性を付与するためにも必要だったのかもしれない――単に人びとが盲目であるだけでなく、恒常的要素を無視するようしむける要因は、それほど強力なのだ（たとえば、誇ってしかるべき成果をあげたフェミニズム運動は、闘争によって確保した前進のほうを強調しがちになる）。

じっさい、確認すると驚かされるのは、性的構造の経済構造に対する自律と、再生産〔生殖〕様式の生産様式に対する自律がはなはだしいことだ。おなじ分類図式のシステムが、時代や経済や社会の違いを越え、人類学的可能性の空間における両極端、すなわちカビリアの山岳農民とブルームズベリーにおけるイギリスの大ブルジョワのもとに、大半はそのまま見いだせる。さらに、ほとんどつねに精神分析出身の研究者が、今日の男女の心的経験のうちに、大部分が心の奥深くに埋もれたままのプロセスを発見する。そのプロセスは、男児を母親から引き離すために必要な作業や、性別によって生産と再生産〔生殖〕における仕事と時間を分割することがもたらす象徴的な効果のように、公の場で集団がとりおこなう儀礼的な慣習行動において誰の目にもはっきりと認められるものだ。そしてそれらの儀礼的な慣習行動は、男性優位の原理にしたがってすみずみまで組織された社会の象徴体系に統合されているのである。農業活動――男性の労働時間と女性の生産時間の対立にそって秩序化された活動[1]――の構造と、すっかり完成した象徴財の経済の論理において、極度に男性的な性向が現実化するための最適の条件が整っている〔カビリアのような〕世界がある。根本的な変化が生産活動と分業におよび、象徴財の経済が利害と計算の冷たい海に囲まれた数少ない小島に追いやられた今日まで、そうした世界の、緩和も譲歩もない男性中心主義的な見方が存続してきたことを、どう説明できるだろうか。この明らかな永続性（それはしかも歴史的構築物を自然な本性に見せかけるのに大きく貢献する）を、いわゆる自然がもつ永遠性に組み込んで追認してしまう危険を冒さずに、はっきりと確認するには、どうすればよいのだろうか。

脱歴史化という歴史的作業

じじつ、明らかに、歴史において、永遠なるものとは、永続化という歴史的作業の産物にほかならない。それは、本質主義を完全に免れるには、恒常的要素と不変的要素を否定すればよいわけではないという意味だ。そうした要素も異論の余地なく歴史的現実を構成しているからである。[2] むしろ脱歴史化という歴史的作業の歴史、べつの言い方がよければ、男性支配の客観的・主観的構造の継続的（再）創造の歴史を再構築しなくてはならない。男性支配は、男女が存在して以来、たえまなくおこなわれ、それを通して、男性的秩序がどの時代にもひきつづき再生産されてきた。いいかえると、「女の歴史」が、たとえ意図とは反対でも、大部分の不変性・恒常性を明るみに出す場合は、一貫性を望むならば、時代の変化に応じてその相対的な重要性と機能が変わるにせよ、これらの恒常性の確立に恒常的に一致協力する行為者と制度（教会、国家、学校など）の歴史に一定のスペースを、おそらくは筆頭の位置を与えなくてはならないのだ。「女の歴史」は、たとえばしかじかの職業・教育課程・学科からの女性の排除を記録するだけではすまない。それはまた（職業・学科などの）序列と、序列が助長する序列的な性向（女性がどのみち排除される場所から女性を排除するのに貢献するよう女性をしむける性向）との両方の再生産をはっきりと確認し、説明しなくてはならない(3)。

歴史研究は、記述の対象を、女性のおかれた条件の通時的な変容に限ることも、さまざまな時代におけるジェンダー間の関係に限ることもできない。歴史研究は、各時代の（家族、教会、国家、学校などの）行為者と制度のシステムの状況を確定しようとしなくてはならない。これらの行為者と制度は、時代によって重要性や用いる手段は異なるが、男性支配の関係を、程度の差はあれ、歴史から完全に引きはがすことに貢献してきた。したがって、両性間の関係の歴史にとっての真の対象とは、構造的メカニズム（たとえば性別による分業の再生産を支えるメカニズム）とさまざまな戦略との、次々に変わる組み合わせの歴史である（組み合わせは、中世と十八世紀、一九四〇年代初頭のペタン政権下と四五年以降のド・ゴール政権下では異なる)。その組み合わせにより、個々の制度と行為者を通じて、きわめて長い歴史の流れのなかで、ときには実際上か外見上の変化とひきかえに、両性間の支配関係の構造は永続化してきた。女性の従属は、大部分の前産業化社会のように女性の就労として現れることもあれば、反対に産業革命後のように労働からの女性の排除として現れることもあるからだ。産業革命後は、労働と家とが切り離され、ブルジョワ階級の女性は経済力を失うため、それ以降、ヴィクトリア朝特有の貞淑ぶりにより、家庭内での芸術(水彩画やピアノ)や貞操への崇拝と(少なくともカトリックの伝統をもつ国では)宗教の実践に向かわざるをえなくなり、宗教はますます女性だけのものとなっていく[4]。

要するに、「ジェンダー」間の関係の歴史横断的な不変要素を明るみに出したならば、歴史学は、ジェンダーをたえまなく生産・再生産してきた脱歴史化の歴史的作業を研究対象とすることを義務づけられている。脱歴史化の歴史的作業とは、男女がたえず従事させられてきた恒常的な差異化〔分化〕の作業であり、男性化や女性化によってたがいに区別しあう方向に向かわせるものだ。歴史学は特に「ジェンダー」と、より広く、性的慣習行動の多様なカテゴリー(とりわけ異性愛と同性愛)とを生み出す〈ものの見方と分け方の原理〉がたえまなく社会的に(再)構築されるありさまを記述し、分析するべきだろう。というのも異性愛自体、社会的に構築され、「正常な」(すなわち「自然に反するもの」の恥辱から引き離された)あらゆる性的慣習行動の普遍的な基準として社会的に構成されたものだからだ。女性のおかれた条件と両性間の関係の双方に起こった変化の真の理解は、逆説的ながら、ただジェンダーの秩序の永続化を支える役割を担うメカニズムや制度の変容についての分析にしか期待できないのである。

再生産の作業は、最近の時代まで、三つの主要な審級、家庭・教会・学校によっておこなわれてきた。この三つは、客観的に一致するよう編成され[6]、無意識の構造に作用するという共通点を持っていた。男性支配と男性的な見方の再生産において中心的役割を担うのは、おそらく家庭である[7]。家庭においてこそ、性別による分業と、その分業を（法に保証され、言葉遣いに組み込まれているため）正統なものとして示す表象《イメージ》を、当たり前のように早くから体験することになる。教会には、聖職者の根深い反フェミニズムが宿っている。

聖職者は、女性のあらゆる節度のなさ、とりわけ服装面をすぐに断罪し、女性と女性性をめぐる悲観的な見方を再生産するものだ[8]。教会は、家父長的な価値観が完全に支配する家族中心主義的な道徳を、とりわけ女性が生まれつき男性に劣るという教義とあわせて、はっきり教え込む（または教え込んでいた）。さらに教会は、より間接的なやり方で、とりわけ聖書や典礼[9]、宗教的な空間と時間（宗教的な時間の特徴は、典礼暦と農事暦の構造上の一致にある）にすら含まれる象徴体系を介して、無意識の歴史的構造に働きかける。ある時代の教会は、宇宙論的モデルに対応した倫理的対立の体系に依拠して、家庭内の序列（神授権と父の権威に基づく君主制）を正当化できた。また、正真正銘の「図像によるプロパガンダ」により、社会世界と社会世界における女性のしかるべき地位についての見方を定着させることもできた[10]。

最後に、学校は、たとえ教会の影響から解放されても、家父長的な表象（男性／女性の関係と成人／子供の関係の相同に基づく表象）の前提を伝達し続ける。とりわけ伝達されるのは、もしかすると学校自体の序列構造に組み込まれた前提かもしれない。多様な学校や学部、学科（「ソフト〔軟弱〕」な学科か「ハード〔硬派〕」な学科——原初の神話的直観により近いところでは「乾燥させる」学科——か）や専門分野のあいだ、つまり、多様なあり方とものの見方、自分の見方、自分の能力と性向の思い描き方のあいだ、要するに、社会的運命だけでなく親密な自己イメージを作り上げるのに貢献するすべてのあいだに、性的な含意をもつ序列構造があるのだ[11]。じじつ、学校教育制度の伝達する学問的教養の全体が、文学ないし哲学、医学ないし法学に特有の表現《ヴァリアント》を通して、最近までずっと、古風な思考様式やモデルを（たとえば、男性を能動性の原理に、女性を受動性の要素にするアリストテレス主義の伝統の重みにより）伝播し、第二の性をめぐる公式言説を、神学者、法学者、医者、モラリストの協力のもとに広めてきた。その言説は、妻の本性を「幼稚」で愚かだと主張し、特に仕事の面で、妻の自立を制限することを目的とするもので、それぞれの時代が先行する時代の「宝典」（たとえば、十六世紀には、俗語で書かれたファブリオ〔十二―十四世紀の滑稽で風刺的な韻文による笑話〕からラテン語で書かれた神学論説[12]）から借用している。だが同時に、学問的教養は、これから見るとおり、さまざまな矛盾の場になったり、さまざまな矛盾を導入したりすることから、両性間の関係を変化させるもっとも決定的な原理のひとつでもあるのだ。

ジェンダー区分を再生産する制度的要因のリストをしあげるには、国家の役割を考慮に入れる必要があるだろう。国家は、私的な家父長制における命令や禁止を、公的な家父長制における命令や禁止によって追認し強化することになった。公的な家父長制は、家庭単位の日常生活を管理し統御する役割を担うあらゆる制度に組み込まれている。専制的な家父長主義国家（たとえばペタン政権下のフランスやフランコ政権下のスペイン）は、家父長的な家族を道徳秩序としての社会秩序の原理およびモデルとする超保守主義的な見方を、完全に実現したものである。その秩序の基盤は、女性に対する男性、子供に対する成人の絶対的な優位と、道徳性とは力や勇気や身体（誘惑と欲望の場）の統御だと見なす姿勢にある。[13]そうした極限には達しないものの、近代国家は、家族法、特に市民の戸籍上の身分に関する規定に、男性中心主義的な見方の基本原理をすべて組み込んだ。[14]また、国家の本質的な曖昧さの決定的な部分は、国家がまさにその構造において――財務にたずさわる省庁と大規模な予算を使う省庁との対立、右手（家父長主義的・家族中心主義的・保護主義的）と左手（社会福祉問題のほうを向く）との対立によって――、男性的なものと女性的なものとの原型的な区分を再生産している点に由来する。女性は、責任者としても、ケアやサービスの特権的な受益者としても、社会福祉国家と固く結ばれているのだ。[15]

このようにジェンダーの序列の再生産に貢献する諸審級の全体を喚起すれば、これらの審級の恒常性と変容を歴史的に分析する計画が描けてもよいはずだ。ただその歴史的分析のみが、女性のおかれた条件について確認できる、しばしば驚くべき恒常的要素を理解する（しかもそれは男性側の抵抗と誠意のなさや[16]、女性自身の側の責任を引き合いに出すだけでおわらない）だけでなく、最近生じた変化を目立つものも目立たないものも含めて理解するために必要不可欠な道具を提供できるのだ。

変化の要因

おそらく最大の変化は、もはや男性支配が当たり前のものとして成立しなくなったことだろう。とりわけフェミニズム運動の膨大な批判作業により、男性支配をあらゆる面から補強するサイクルが、少なくとも社会空間の一部の領域で断ち切られたことで、今や男性支配は、多くの機会に、禁止か申し開きをすべきもの、差し控えるかやっていないと証明すべきものと見られるようになった。当たり前のことを問いなおす動きにともない、女性のおかれた条件は根底から変容した。それは特にもっとも恵まれた社会的カテゴリーにおいて著しい。たとえば、中・高等教育を受けたり、賃金労働に就いたり、それによって公共圏に参入したりする数が増えた。また、女性が（避妊技術の進歩とその使用の一般化や、家族規模の縮小との関係で）、家事労働[17]と生殖の役割に距離をおくようになった。それにともない、特に結婚年齢と出産年齢の上昇、

産休期間の短縮、離婚率の上昇と結婚率の低下が見られる。(18)

あらゆる変化の要因のうち、もっとも重要なのは、ジェンダー間の差異の再生産における学校教育制度の役割が決定的に変容したことに関連するもの（たとえば女性の就学率の上昇と、それに相関した経済的自立の増加）、そして家族構造の変容（特に離婚率の上昇によるもの）である。現実には、家族が変容しても、ハビトゥス、さらには法が、惰性によって、家族構造の支配的なモデルを永続化させ、それによって同時に、生殖のための異性愛というセクシュアリティを正統と見なす支配的モデルを永続化させる傾向があり、伝統的な分割原理の社会化と伝達は、暗黙のうちに、この支配的モデルに関連したかたちで実施されていた。にもかかわらず、たとえば複合家族〔子連れどうしの再婚によるもの〕のような新しいタイプの家族の登場と、新しいタイプの性の（特に同性愛という）モデルが公の場で目に見えるようになったことが、ドクサを打ち砕き、性に関する可能性の空間〔できることの範囲〕を拡大する一因になっている。おなじく、もっとありふれた話をすると、働く女性の増加は、家事労働の分担に影響をおよぼし、それによって同時に、伝統的な男性と女性のモデルに影響をおよぼさずにはいられなかった。おそらく、家族内部での、性別によって差異化された性向の獲得にも、その帰結が見られる。たとえば、働く母を持つ娘のほうが、高い職業キャリアに憧れ、女性のおかれた条件に関する伝統的モデルへの愛着が少ないことが指摘されている。(19)

とはいえ、女性のおかれた条件をめぐる変化のうちの、もっとも重要なもののひとつであると同時に、まさにその条件の変化をもたらしたもっとも決定的な要因のひとつでもあるのは、まちがいなく、中・高等教育に進学する女子の増加である。それは、生産構造の変容（特に大規模な公共機関・民間機関や新たな社会的管理技術の発達）に関連して、分業における女性の地位にきわめて大きな変化を引き起こした。たとえば、知的職業や官公庁、象徴サービスの多様な販売形態――ジャーナリズム、テレビ、映画、ラジオ、広報、広告、装飾――において女性が占める割合の大幅な増加と、女性の活動の伝統的な定義に近い職業（教育、社会福祉、診療補助部門）への女性の参画の強化が見られる。とはいうものの、中・高等教育を終えた女性が見つけたおもな就職先は、中間的な仲介型の職業（事務の中間管理職、技術者、医療・社会福祉職員など）で、とりわけ経済・財政・政治の分野では、権威と責任のある役職から事実上排除されたままである。

じっさい、目につく条件の変化は、相対的な地位における恒常的要素を隠蔽するものだ。就学や就業の機会と特定の職種に占める割合が男女平等になったせいで、今なおさまざまな教育課程、つまり選択可能な職業における男女の分布に不平等が残っていることが見えなくなるようではいけない。大学入学資格を取得して大学で学ぶ女子の数は男子より多いが、もっとも評価の高い部門に占める割合ははるかに少ない。というのも、理系部門ではきわめて少数派なのに、文系部門では増加していくからだ。おなじく、職業リセのなかでは、今でも女子は、伝統的に「女性のもの」と見なされ、ほとんど資格のとれない専門（団体職員や販売員、秘書や保健関係）を選ぶのが当然で、一部の専門（機械工学、電気、電子工学）を選ぶのは、ほぼ男子にかぎられている。理系グランド・ゼコールの準備学級と理系グランド・ゼコール自体でも、おなじ不平等が変わらず続いている。医学部では、専門分野の序列の上にいけばいくほど、女性の割合も減少する。外科など一部の専門は、ほぼ女性には禁止されているのに対し、小児科や産婦人科といった専門は、事実上、女性専用となっている。見てのとおり、構造は、伝統的な分割と相同的な対立の組み合わせのなかに永続する。たとえば、グランド・ゼコールと〔大学の〕学部の対立、さらに後者の内部における法学部・医学部と文学部との対立、さらに後者の内部においては哲学・社会学と心理学・美術史との対立がある。また周知のとおり、おなじ分割原理が、さらに各学科の内部に適用され、男性にはもっとも高貴で総合的で理論的な分野が、女性にはもっとも分析的で実践的で威信のない分野が割り当てられる。[20]

どの職業に就けるか、各職業のなかでどの地位に就けるかも、おなじ論理にしたがっている。教育でも職業でも、女性の地位の進歩に応じて、男性も昇進していることを見逃してはならない。それにより、まるでハンディつきのレースのように、格差構造は維持される。[21] 変化のなかで変化によって維持される永続的要素の例のうち、もっとも衝撃的なのは、女性の割合が高くなる地位とは、すでに評価が落ちている（一般工員の大半は女性か移民である）か、落ちる傾向にあるということだ。評価の下落は、評価の下落が促した男性の離職によって、雪だるま式に加速するからだ。しかも、社会空間のあらゆる階層に女性がいるのは事実でも、女性の昇進のチャンス（と女性の占める割合）は、稀少で競争率の高い地位になるにつれて減少する（おそらくその結果、女性の進出の割合が——現実の割合でも潜在的な割合でも——、多様な職業の相対的な地位と価値をもっともよく示す指標となっている[22]）。

このように、各階層で、女性のほうが男性よりもきびしい選抜をへているにもかかわらず、男女間の形式的な平等のせいで隠蔽されがちなことがある。それは、ほかの条件がすべておなじなら、つねに女性のほうが恵まれない地位を占めていることだ。たとえば、公務員に占める女性の割合は確かにますます増えているのに、いつも女性に割りふられるのは、もっとも不安定で低い地位ばかりである（女性の数が多いのは、とりわけ非正規職員や短時間職員であり、たとえば地方行政では、女中のように補助やケアをおこなう従属的な地位——掃除婦、食堂係、保母など——をあてがわれる[23]）。労働市場で女性に与えられる地位の不安定さを、おそらくもっともよく示す事実がある。それは、ほかの条件がすべておなじなら、つねに女性のほうが男性より給料が安く、学歴がおなじ男性より低い地位しか得られず、なによりも失業や不安定な雇用に苦しむ割合が高く、短時間勤務の職に回されがちなことだ——その数ある効果のひとつとして、女性はほぼ不可避的に権力ゲームやキャリアの展望から排除されることになる[24]。女性は、社会福祉国家とも、官僚界の内部における「社会福祉的な」地位とも、民間企業の産業部門でもっとも非正規化政策の影響を受けやすい産業部門とも固く結びついている以上、どう考えても、国家の社会福祉的側面の縮小と労働市場における「規制緩和」の推進を目的とするネオリベラル政治のおもな被害者となることは予測できる。

ますます多くの女性が支配的な地位を占めつつあるが、その大部分は、権力界の被支配的な領域、すなわち象徴財の生産と流通にかかわる分野（たとえば出版、ジャーナリズム、メディア、教育など）に位置する。マリア・アントニア・ガルシア・デ・レオン〔スペインの社会学者〕の表現によると「被差別エリート」であるそれらの女性は、選ばれた見返りとして、ほとんどつねに課される追加要求に応え、自分の身体的性向《ヘクシス》と服装からいっさいの性的な含意をとりのぞくよう、つねに努力しなくてはならない[25]。

男女間における権力と特権の統計的な分布と、その時間的な変遷を的確に理解するには、ふたつの一見すると矛盾して見えかねない〔女性の〕特性を、同時に、はっきりと考慮に入れなくてはならない。まず一方で女性は、社会空間でどんな地位を占めていても、象徴的なマイナスの系数によって男性から引き離されているという共通点を持つ。象徴的なマイナスの系数とは、たとえば黒人の肌の色など、烙印を押されたグループへの帰属を示すしるしはどれもそうだが、女性というだけで、どんな人でも何をしてもマイナスの影響が出るということを指す。それは、〔男女の対立とおなじ構造の〕相同的な差異がかたちづくるシステム全体の根源にあるものだ。毎朝、男性に対して――または男性に囲まれて――権力を行使するプレッシャーに立ち向かう力を得るためにマッサージを受けねばならない女性社長と、男ばかりの環境で働くがゆえの苦難にたいする慰めを「〔職場の〕女友だち」との連帯に求めるしかない金属工業の女性一般工員とのあいだには、膨大な隔たりにもかかわらず、共通点があるのだ。一般工員の苦難には、セクシュアル・ハラスメントや、端的に労働条件のせいで汚れて醜くなり、自己イメージと自己評価が低下することも含まれる。他方で、女性特有の経験（たとえば男性秩序のせいで負う、しばしば意識にすらのぼらない無数の傷という、支配にともなう些細なことがら）によって接近しあうにもかかわらず、女性どうしは、経済的・文化的差異によってたがいに引き離されたままである。そうした差異は、なかでも女性が客観的・主観的にどのように男性支配を被り、耐え忍ぶかという面に影響をおよぼす――とはいえ、女性であること自体が引き起こす象徴資本の過小評価に結びついたものがすべて無効になったりはしない。

ほかの点では、女性の条件の変化そのものが、つねに男らしさと女らしさを分割する伝統的なモデルの論理に従っている。男性が、公的空間と（とりわけ経済的な、生産に対する）権力界を支配し続けるのに対し、いまだに女性は（圧倒的に）、私的空間（家庭的な、再生産の場という象徴財の経済の論理が永続化する空間と、その空間の一種の延長である（特に病院などの）社会福祉や教育サービス、さらには象徴生産の領域（文学界・芸術界またはジャーナリズム界など）にかかわる定めなのだ。

性別による分割の古い構造が、いまなお変化の方向と形式すら決定づけているように見える。それは、古い構造が、教育課程・職業・地位《ポスト》のなかで客観的な現実となっている（いずれも程度の差はあれ、密接に性別と結びついている）のにくわえ、女性（だけでなくその周囲）が選択の際に適用する実践的な三つの原理を介して、作用するからである。第一の原理によれば、女性に適した職務は、教育、ケア、サービスといった家庭での役割の延長に位置する。第二の原理によると、女性は男性に対して権威を持てない。したがってほかの条件がすべておなじなら、権威のある地位には男性が選ばれ、女性は従属した補助的な職務をし続ける確率がきわめて高くなる。第三の原理にしたがえば、機械や器具の操作をするのは、もっぱら男性の権利となる。[26]

思春期の少女に学校での経験をたずねると、両親、教師（特に進路指導主事）、同級生から受けたアドバイスや命令が（積極的なものも消極的なものも）重みを持つことに驚かずにはいられない。両親も教師も同級生も、言葉にするかしないかは別にして、いつも少女を伝統的な分割原理によって割り振られた運命にしたがわせようとする。たとえば、多くの少女が気づいているとおり、理系科目の教師は女子よりも男子に声をかけ、やる気をうながす。両親は、教師や進路指導主事とおなじく、「おまえのためだから」といって、男性向きと見なされる一部の職業に進ませまいとする（「父親から『おまえには絶対その職業はつとまらない』と言われたら、ものすごくいやな気分になる」）。そのくせ兄や弟には、そうした職業の選択をうながすのだ。しかしながら、「秩序にしたがえ」という警告が効果を発揮する理由の大部分は、少女たちが、それまでの一連の経験、とりわけ（よく差別に出会う機会となる）スポーツにより、そのような示唆を（先取りのかたちで）受け入れる準備をしていたことにある。支配的な見方を内面化させられていたのだ。思春期の少女は「自分が男の人たちに命令する姿をイメージしづらい」か、単純に、典型的な男性の職業について働く自分をイメージできないのだ。性別による仕事の分担（直接目に見える社会的カテゴリーの客観性に組み込まれている）と、直感的な統計（それを通して、われわれ一人ひとりが思い描く正常《ノーマル》なもののイメージはつくられる）によって、思春期の少女が学んでしまっていることがある。それは、少女のひとりが口にした、社会の当たり前を表現するあの見事な同語反復《トートロジー》によれば、「今どき、男の仕事をする女はあまり見かけない」ということなのだ。

要するに、「性別によって」規定された社会秩序の経験と、両親、教師、同級生（自身も似たような社会経験で得た見方《ヴィジョン》の原理を持つ）から与えられた「秩序にしたがえ」という明示的な警告を通して、少女たちは、意識しづらい知覚図式・評価図式のかたちで、支配的な見方の諸原理を身体化する。それによって少女たちは、あるがままの社会秩序を正常だ、さらには自然だとすら思い、いわば自分の運命を先取りして、どのみち女性を排除する教育課程や職業を拒否し、どのみち女性向けになっている教育課程や職業に熱心に取り組むことになるのだ。こうして、そこから生じるハビトゥスの不変性が、性別による分業構造の相対的な不変性の、最大の要因のひとつとなる。というのも、これらの原理の大半は、身体から身体へと、意識されたり言語化されたりせずに伝わるため、その大部分が意識によってコントロールされず、したがって変形も矯正もできないからだ（これは、よく見られる発言と行動のずれが示すとおりで、たとえば、両性間の平等にもっとも好意的な男性も、ほかの男性とおなじく家事労働に参加しない)。そのうえ、これらの原理は、客観的に一致するよう編成されているため、たがいに正しさを立証しあい、補強しあう。

くわえて、男性側が抵抗戦略を組織していると見なすことは控えるにしても、推測できることがある。現会員による新会員の選出《コオプタシオン》という方法が自然に生み出す論理——つねに社会集団のもっとも希少な特性（その筆頭は性比である）[27]を保護しがちな論理——は、きわめて感情的な漠然とした不安に根をもつのではないかということだ。女性の進出によって、その社会的地位の希少性つまり価値と、それにくわえて、ある意味ではその地位を占める者の性的アイデンティティも脅威にさらされる不安である。しかじかの職種への女性の参入に対する一部の感情的な反応の激しさは、ふたつのことを知れば納得できる。まず社会的地位そのものが、性別化されていると同時に性別化するものであること。そして、男性がポストを女性化〔女性の進出〕から守るのは、もっとも根強い男性としての自己観の防衛を望んでいるからだということだ。とりわけ肉体労働者のような社会的カテゴリーや、軍隊のような職業は、その価値の全体とは言わずとも大部分を、彼ら自身の目から見ても、その男らしさのイメージに負っているのだ[28]。

象徴財の経済と再生産戦略

だが〔男女間の〕差異の永続化を決定づけるもうひとつの要因は、象徴財の経済が、相対的に自律しているため、恒常性をもつことだ（結婚はその中心部分をなす）。この自律性により、経済生産様式が変容しても、男性支配は象徴財の経済のなかで永続化される。しかもそのとき、象徴資本のおもな管理者である家庭を、教会や法が恒常的かつ明示的に支えている。性生活《セクシュアリティ》の正統な実践は、ますます結婚の義務から解放されているように見えるかもしれないが、いまだに富の譲渡の合法的経路のひとつである結婚を通して命じられ、財産相続に従属している。ロバート・A・ナイが立証しようと努めているとおり、ブルジョワ家庭は、たえず（特に結婚を通じた）再生産戦略への投資をおこない、象徴資本の維持や増加を目指してきた。その点では、旧体制下の貴族の家をはるかに凌いでいる。なぜなら、ブルジョワ家庭の地位の保持は象徴資本の再生産に密接に依存しており、その再生産は、一族の遺産を保持する力のある相続人の生産〔跡継ぎを生むこと〕と、威光ある姻戚の獲得を通じておこなわれるからだ。[29] また近代フランスにおいても、男性的な面目を重視する性向が（決闘から礼儀正しさやスポーツにいたる）男性の公的活動を規定し続けてきたのは、カビリア社会とおなじく、象徴財の経済の論理が課す再生産戦略を通して永続化する（ブルジョワ）家庭の傾向を、そうした性向がまさに顕在化させ現実化させていたからだ。象徴財の経済の論理は、とりわけ家庭経済の領域において、ビジネスの世界でのおおっぴらに経済的な経済を規定する要求とは区別される、特別な要求をしつづけてきたのだ。

公務や特に経済活動という重大な用件の世界から排除されているため、女性は長いあいだ家庭の世界に閉じ込められ、家系の生物学的・社会的再生産に関連した活動にしばられてきた。その活動（とりわけ母親としての活動）は、一見すると認知され、ときに儀礼的に賞賛されるにせよ、認知と賞賛には条件がある。女性の活動が、生産活動（真の意味で経済的・社会的報酬をうける唯一の活動）に従属し、家系すなわち男性の物理的・象徴的な利益のために秩序づけられた〔命じられた〕ものであるかぎりは、という条件だ。こうして、女性に課された家事労働のかなりの部分が、今日もなお多くの階層で、家族の連帯と統合の維持を目的としている。その手段として、血縁関係と社会関係資本全体を保つための一連の社交活動がおこなわれる——日常的には、家族全員が会する食事があり[30]、非日常的には、血縁関係を儀礼的に祝ったり、社交関係や家族の威光を維持したりするための式典やパーティー（誕生日会など）、または贈り物や訪問、手紙や絵葉書や電話のやり取りがある[31]。

こうした家事労働は、概して気づかれないか、よく思われない（たとえば女性のおしゃべり、特に電話好きは、きまって告発される……）。かならず目に入る場合も、非営利的で「私利私欲のない」労働であるため、たやすく精神性、道徳性、感情の分野に移され、現実味を失う。

女性の家事労働が金銭的な等価物をもたないせいで、たしかに女性の目にさえ、その価値は低く映る。まるで、この商品価値を持たない時間は重要ではなく、代価なしに、しかも無制限に与えられてもよいかのようだ。時間を与える相手は、まずは家族のメンバー、特に子供たち（だから母親の時間のほうが中断されやすいのは指摘されたとおり）だが、それだけでなく外部の、ボランティア活動のための教会や慈善団体にくわえ、ますます頻繁に結社《アソシアシオン》や政党も含まれるようになった。しばしば無報酬の活動にしばられ、そのせいであまり労働を金銭に置き換えて考える傾向のない女性は、男性よりはるかに、とりわけ慈善や宗教にかかわるボランティアをおこなう心づもりができている。

　もっとも未分化な社会では、女性は男性にとっての交換手段（婚姻を通して社会関係資本と象徴資本の蓄積を可能にするもの）として扱われてきた。婚姻とは、程度の差はあれ、幅広く威光のある姻戚関係の確立を可能にする正真正銘の投資であった。おなじく今日でも女性は、家族の象徴資本の生産と再生産に決定的な貢献をもたらす。まず自身の外見に役立つすべて——化粧品、服装、物腰など——により、家族グループの象徴資本を顕示するからだ。そのことから、女性は、ひとの目に映るもの、気に入られるべきものの側に数えられる[32]。社会世界は（界によって度合いは異なるが）男性的な見方に支配された象徴財の市場として機能する。女性にとって、存在するとは、すでに見たように、知覚されることであり、男性の目または男性的なカテゴリーを宿した目によって知覚されることである——男性的なカテゴリーとは、女性の作品を「女らしい」とか、反対に「まったく女とは思えない」といって賞賛するときに、明示的に口にはできないまま用いられるものだ。「女らしい」とは主として、男らしさのしるしになりうる特性や慣習行動すべてを避けることであり、権力のある女性を「とても女らしい」と評することは、男性に固有のあの属性、すなわち権力をもつ権利をその女性に認めない、いたって巧妙なやり方にほかならない。

象徴財の市場における女性に特有の位置づけによって、女性的な性向の大部分は説明できる。どんな社会関係も、ある面では、一人ひとりが自分の外見（感覚でとらえられるもの）を評価にゆだねる交換の場であるが、この被知覚存在〔他人から見られて評価される存在〕において、言葉遣いなどの（それほど直接的には感覚でとらえられない）特性に対して、身体——ときに「スタイル」と呼ばれる（潜在的に性的な意味をもつ）ものに還元される——が占める割合は、男性よりも女性のほうが大きいのだ。化粧や服装は、男性においては、身体を消し去り、社会的地位を示す社会的なしるし（服装、勲章、制服など）を前面に出しがちなのに対し、女性においては、身体を賞揚し、身体を誘惑の言語にしがちである。女性のほうが、化粧の作業に（時間、金銭、エネルギーなどを）はるかに大きく投資することは、これで説明がつく。

このように自分自身を美的な対象として扱い、その結果、身体、服装、物腰の美しさや優雅さにかかわるすべてにたえず気を配るよう、社会的にし向けられているため、女性は、家事労働の分担において、ごく自然に美にかかわるすべてと、さらに広く、家族単位のメンバーの人前でのイメージと社会的外見の管理に関わるすべてを担当し、子供はもちろん、夫もたいてい妻に服装の選択を任せることになる。日常生活の舞台、家とインテリア、そこにかならず見受けられる、役に立たないのが目的ともいえる無償の部分の世話と手入れを引き受けるのも、女性である。これは、どれだけ貧しい人びとのあいだでも見られることだ（かつて農家の野菜畑の一角にもっぱら装飾のための花壇があったように、労働者向け共同住宅のどれほど貧しいアパートにも、花の鉢、置物、彩色画がある）。

家族の象徴資本の管理を任される女性が、この役割を企業の内部に持ち込まされるのは、きわめて論理的だ。企業が女性に求めるのは、ほとんどつねに、紹介や代理業《セールス》、応接や受付の仕事である（「スチュワーデス」「受付嬢」「ハウスマヌカン」「クルーズスタッフ」「送迎係」「会議の受付」「添乗員」など）。女性はまた、会社のための大がかりな儀礼を取り仕切ることも求められる。それは、家庭における儀礼とおなじく、企業の社会関係資本や象徴資本の維持と増加に役立つものだ。

会社の世界はあらゆる種類の象徴サービスを女性に求めるが、その究極である日本の高級クラブは、大企業が幹部を好んで招待する場所で、通常の歓楽街のような性的サービスではなく、高度にカスタマイズされた象徴サービス、たとえば顧客の私生活の細部へのほのめかし、職業や性格への賛嘆のこもった言及などを提供する。威光と価格の序列で高い位置を占めるクラブほど、サービスが個別化し、性的な要素を失い、完全に無償の、金銭でなく愛ゆえの献身に見せかける傾向がある。それは、まさに文化的な婉曲化の作業（ホテルでの売春に不可欠で、娼婦によれば、街頭での売春の迅速な性交とは比較にならないほど荷が重く手間がかかる作業にほかならない）[33]と引き換えに可能になるのだ。特別な注意を払い、誘惑の技巧を繰り出すこと――洗練された会話の一部に官能的な挑発を漂わせるのがその最たるものだが――、その狙いは、顧客に自分が顧客だと思わせないで、自分のカネではなく唯一の人格ゆえに、ただ自分自身として評価され、賛嘆され、さらにはほとんど欲望され、愛されている、しかも大物であると感じさせること、またはもっと単純に「自分が男だと実感」させることにある[34]。

企業にとってのこうした象徴的商業活動は、個人にとっての自己提示戦略にあたり、適切に成し遂げられるために必要なのは、言うまでもなく見た目への極度の注意と誘惑の素質であり、伝統的にもっとも女性に与えられてきた役割と一致する。そうすると納得がいくのは、一般に、ただ女性の伝統的な役割の延長だというだけで、象徴財や象徴サービス、より正確には卓越化《ディスタンクシオン》のしるしの生産や消費の職務が女性に託されることだ（文化部門は、女性が指導的な地位を占められる数少ない部門だが、女性はたいてい従属的な職務を託される）。その職務は、美容商品や美容サービス（美容師、エステティシャン、ネイルスペシャリスト）から、オートクチュールやハイカルチャーの分野にまでおよぶ。家庭という単位のなかで経済資本を象徴資本に変換する責任を負うため、女性には、上昇志向と卓越化《ディスタンクシオン》のたえざる弁証法に参加する素地が備わっている。この弁証法は、流行《モード》という分野を好み、象徴的な凌駕と価値の競り上げの永久運動としての文化生活の原動力となる。小市民《プチブル》階級の女性たちが極端なほど身体の手入れや美容法に注意し、[35]さらに広く倫理的・美学的な体面を気にすることは知られているが、彼女たちは象徴支配の特権的な犠牲者であるだけでなく、その効果を被支配的なカテゴリーのほうへ中継する、うってつけの仲介でもある。彼女たちは、まるで支配的なモデルへの自己同一化願望にかられたようになってしまうので――美的にも言葉遣いにも極端に正しさを求める傾向がその証拠だが――、支配者だけがもつせいで高級とされる所有物を、なにがなんでも、つまりたいていの場合はクレジットで手に入れようとし、その有無をいわさぬ流布に貢献する傾向が強い。そのとき、彼女たちがとりわけ利用する象徴権力は、状況によって生じたものだ。つまり彼女たちが文化財の生産や流通の装置（たとえば女性誌）に大きな位置を占めているおかげで、彼女たちのおこなう新改宗者特有の熱心な勧誘はそうした象徴権力を持つことができるのだ。[36]したがってあたかも、象徴財の市場（女性の職業的解放を何より証明するもの）が、象徴生産にたずさわるこれらの「自由な労働者」に見せかけの自由を与えているのは、ただ象徴支配への熱心な服従と貢献を女性から引き出すためにすぎないかのようだ。象徴支配とは象徴財の経済のメカニズムを通して行使されるもので、女性はその選ばれた犠牲者でもあるのだ。

そうしたメカニズムに対する直観は、おそらくフェミニズム運動が提案した転覆戦略の一部（たとえば自然なよそおい《ナチュラル・ルック》の擁護）の根源にあるが、それにとどまらず、女性が象徴的な誇示やイメージ操作の道具の状態に還元されているのに、行動する行為者の責任を行使していると思えてしまう、あるいは人にそう思わせてしまえる状況すべてにおよぶべきだろう。

構造の力

以上のように、社会空間とその下位空間の全体、つまり家庭だけでなく、学校教育の世界と労働の世界、会社的・官僚的世界とメディア界でも確立されている男女間の支配関係を本当に関係として理解すれば、「永遠の女性なるもの」という幻想的なイメージは粉砕されることになる。その結果、男女間の支配関係構造が、歴史的な時期と社会空間上の地位によって実質的に条件が異なるにもかかわらず維持され続けるという恒常性が、よりはっきりと現れてくる。しかも、男性支配的な関係の歴史横断的な恒常性を事実として確認することは、ときにそう信じるふりをするひともいるが、脱歴史化、したがって自然化の効果を引き起こすどころか、女性たちの条件に関するもっとも目に見えやすい変化の事実確認に基づいた通常の問題系をくつがえすように迫る。じっさい、恒常性のほうを事実として確認すると、これまでずっと無視されてきた問題をたてることを強いられる。すなわち、男性支配を歴史から引きはがす〔自然に見せる〕のに必要な、たえず繰り返される歴史的な作業と、その見せかけの脱歴史化の原因である歴史的メカニズムと歴史的行動についての問題である。歴史を変容させようとするいかなる政策も、これらの歴史的メカニズムと歴史的行動を知らなければ、無力に陥らざるをえない。

恒常性の事実を確認すると、最後には、とりわけ「二元論の超克」をこれ見よがしに呼びかける「ポストモダン」哲学者の慢心に気づかされる。二元論は、事物（構造）と身体に深く根づいており、言語による命名の単なる効果から生じたものではなく、行為遂行的《パフォーマティヴ》な魔術行為によって廃止することはできない――ジェンダーは、随意に（ドラァグクイーンのようなやり方で）演じられる単なる「役割」などではなく、ジェンダーが力を引き出す源となる身体と世界〔宇宙〕に組み込まれているからだ[37]。ジェンダー秩序は、言葉――特に罵り言葉――の行為遂行的な実効性を基礎づけるのであり、転覆的な主意主義のいつわりの革命的な再定義に抵抗するのもまたジェンダー秩序なのだ。

「精神分析の考古学」として構想された『性の歴史』において「欲望の主体」としての西洋人〔男性〕の系譜を叙述することにより、精神分析による性《セクシュアリティ》の自然化に対抗して性の歴史性をあらためて示そうとするミシェル・フーコーのように、本書では性的関係、より一般的に両性間の関係を支配する無意識を、個人にかかわる個体発生だけでなく、集団的な系統発生のなか、すなわち部分的には不動である男性中心主義的な無意識の長い歴史スパンに関係づけるよう努力してきた。しかし、近代における性の経験に固有の特徴を理解するという計画を首尾よく実現するには、フーコーのように、とりわけ古代ギリシア・ローマと近代の経験の差異を強調するだけで満足してはいけない。古代ギリシア・ローマでは、「《性》や《肉欲》という概念に似た概念」、すなわち「一見おたがいにかけはなれた各種の現象、たとえば行動だけでなく感覚、イメージ、欲望、本能、情念を、おなじ性質をもつものとして〔中略〕ひとまとめにすることを可能にするような、ひとつの抽象的な実体を指す概念」「を見つけるのは、ずいぶんと骨が折れるだろう(38)」。

われわれが考えるような性《セクシュアリティ》は、たしかに歴史的な発明だが、異なる〈界〉の分化のプロセス、そしてそれぞれの界に固有の論理が分化するプロセスの遂行につれて、徐々におこなわれてきた発明である。それゆえ第一に、神話的理性の基本対立をなしていた性別化された（だが性的ではない）分割原理が、自然と政治の両方の世界の全秩序に適用されなくなること、つまりたとえば（ソクラテス以前の思想家に見られるように）宇宙論の基礎を定義づけるのをやめることが必要だった。じっさい、性に結びついたさまざまな慣習行動や言説をほかのものとは別の分野とすることは、多義的で不明瞭な類似《アナロジー》を持つ神話理性が、スコラ的な界における討議から生じて（特にアリストテレスにおいて）類似そのものを対象とするにいたる論理的理性と、徐々に切り離されたことと不可分である。それ自体としての性の出現はまた、性的な慣習行動と言説の正統な定義の独占のために競合する、宗教界、法律界、官僚界といった〈界〉およびび行為者全体の登場とも不可分である。これらの場および行為者は、そうした定義を特に家族や家族中心主義的な見方を通して慣習行動に課すことができるのだ。

性別化された無意識の図式は、ゴッフマンの主張するように「構造化する基本的な二者択一」(fundamental structuring alternatives) ではなく、それ自体が高度に分化した社会空間から生じた、高度に分化した歴史的構造である。この歴史的構造は、社会空間の構造を行為者が経験しながらおこなう習得を通して再生産される。こうして、多様な界への加入は、どの界も、男女間の基本的な区別と、その基本的な区別を表現する二次的な二者択一（支配する／支配される、上／下、能動的 - 挿入する／受動的 - 挿入される）[39] とつねに相同的な対立（強い／弱い、大きい／小さい、重い／軽い、太った／痩せた、緊張した／弛緩した、ハードな／ソフトな、など）にそって組織されているため、性別化された一連の（たがいに相同的で基本的な対立とも相同的な）対立の身体への組み込みをともなうのだ。

〈界〉の社会構造に組み込まれた対立は、認知構造や慣習行動の分類を支える役割を果たす。認知構造や慣習行動の分類は、しばしば形容詞の体系のうちに登録されているが、この体系は倫理的・美学的・認知的な判断を生み出すことを可能にするものだ。たとえば、大学界では、法学や医学といった世俗的には支配的な学科と、文系・理系の世俗的には支配を被る学科との対立があり、後者の支配を被る学科の内部では、ハードの側にあるすべてを持つ理系と、ソフトな文系とのあいだに対立がある。さらにこれまた入れ子構造のかたちで、広場《アゴラ》と政治の側に位置する社会学と、文学とおなじく内面を向く心理学とのあいだの対立がある。(40) あるいはさらに、権力界では、産業や商業の経営者と知識人とのあいだに、慣習行動と特性の客観性に深く刻まれた対立がある。この対立は、脳にも明示的・暗示的な分類のかたちで組み込まれており、そのため「ブルジョワ」から見れば、知識人は、いずれも女性（らしさ）の側に位置づけられるような、非現実主義、純粋主義、無責任といった特性をそなえた存在である（こうしたことは、世俗的な支配者が知識人や芸術家に教訓を与えようとする状況に明白に見られる。しじゅう男性が女性にたいしておこなうように、「世の中を説明」してやろうとするのだ）。

つまり、性の無意識の生成論的社会学の論理的な延長線上には、性の無意識が根づき再生産される社会世界の構造分析があるということだ。それは、分割原理の形式で身体化される分割が問題となる場合であれ、社会的地位（およびその地位を優先的に占める男性あるいは女性、医師／看護師、経営者／知識人など）のあいだに成立する客観的分割が問題となる場合であれ、同様である。客観的分割のなかでも、分割の永続化という点でもっとも重要なのは、おそらく象徴生産をおこなう各界を区別する分割であろう。基本的な（カビリア社会にその規準形が見られる）対立は増加して一連の相同的な対立になり、あたかも回折する光のように障害物の背後にまで回り込む。そうした相同的な対立は、基本的な対立を再生産するものだが、しばしば見違えるほど変わった（理系と文系、または外科と皮膚科のような）散逸した形式をとる。これらの特定の対立は精神を束縛するが、束縛のしかたが程度の差こそあれ狡猾なので、一連の対立の一体性と真理、すなわち性的な支配関係の持つ同一構造のさまざまな側面であることは、けっして理解されない。

しかしながら——こうした支配は家庭のようなもっとも限られた空間からもっとも広い空間にいたるすべての社会空間のきわめて異なるスケールにおいて成立しうるのが特徴なので——支配が行使される場所と形態の総体をそのまま扱うという条件でこそ、支配の構造の恒常的要素と再生産のメカニズムを把握できるのだ。女性の条件に影響を与えてきた目に見えるさまざまな変化は、目に見えない構造の不変性を覆い隠す。目に見えない構造の不変性を明らかにすることができるのは、家庭経済、つまりその特徴である仕事と権限の分割と（男女が参加している）労働市場の多様な部門（界）とを関係づけることのできる関係性の思考のみである。それは、家事労働と非家事労働における仕事および特に地位の両性間での分配を、通常おこなわれるような、分離された状態で理解することに代わるものだ。

あることに気づくとすぐ、性的支配の構造的関係の真理が本当にかいま見えてくる。たとえば、きわめて高位のポスト（企業や省庁の幹部など）に達した女性は、ある意味ではその職業的成功のツケを、家族面や象徴財の経済における「成功」の減少（離婚、晩婚、独身、子育ての困難や失敗など）によって「支払」わなくてはならない。あるいは逆に家庭の営みに成功すると、しばしば代償として職業上の大成功を部分的にあるいは完全に諦めなくてはならなくなる（特にパートタイムないし労働時間「五分の四」といった「特別待遇」を受け入れることを通じてだが、そうした待遇が女性たちにこれほど容易に与えられるのは、女性たちを権力競争の外におくからなのだ）。じっさい、家庭空間の（現在のあるいは潜在的な）構造が（たとえば夫の地位と妻の地位のあいだにどんな隔たりがあるのが必然的で、不可避で、または許容できるかという表象を通して）職業空間の構造に課している制限を考慮してはじめて、多様な社会空間において男性の地位と女性の地位がかたちづくる構造の相同性を理解できるのだ。この相同性は、対立する二項の実質的な内容がたえず変化していても維持されがちである。けっして女性がハンディキャップを克服することのない一種のカーチェイスのようなものだ。[41]

このように家庭と仕事を関係づけてみると、おなじ支配関係が異なる形態をとって、きわめて異なる女性の条件において観察できることに納得がいく。それは上層の商業・金融ブルジョワジーの妻たちが家庭や慈善活動にたいしておこなう無償の献身にはじまり、使用人の女性による「報酬目当ての」性的な献身にいたる。小市民階級《プチブル》の段階では、妻は夫の賃金収入を補う両立可能な仕事につき、ほとんどつねに控えめに働く。男性支配の構造こそが、こうした無数に存在するそれぞれ独自の支配／服従関係の究極原理である。こうした関係は、関与する行為者が社会空間に占める地位に応じて形態が異なり——ときに巨大で可視的になり、ときに極小でほとんど不可視になるが、いずれも相同的で、したがってどこか似た様子があって結ばれていて――、それぞれの社会的領域で、男性と女性を分離したり結合したりしながら、両者のあいだにヴァージニア・ウルフの語った「神秘的な分割線」を維持するのだ。

支配と愛に関する追伸

以上の点で終わりにすると、ヴァージニア・ウルフが喚起していた（そしておそらく社会学がときおり密かに追い求める満足の一部をなしている）「夢を打ちくだく喜び」に身を委ねることになり、恋愛関係という魔法の世界全体を研究から遠ざけることになるだろう。[42]「滑稽な衒学者」に堕する危険に身をさらさずに、分析的な語り口のなかで愛という語を用いること、より正確には、抒情的になるかシニカルになるかの二者択一、おとぎばなしと寓話やファブリオとのあいだの二者択一を免れることは容易ではないため、なおさらここで終わりにしたくなる。愛は、男性支配の法則のひとつの例外、唯一の、だが最大級の例外、象徴暴力の一時停止なのだろうか。それとも象徴暴力の（もっとも巧妙でもっとも目に見えないがゆえに）至高の形態なのだろうか。運命愛《アモール・ファティ》というかたちをとるとき、愛とは（幸福であれ不幸であれ）情熱のなかで受け入れられた支配であり、支配とは気づかれずに実際上は認知されたに等しい支配である。運命愛のヴァリエーションのいずれをとってもおなじだ。たとえば避けられないものへの同意として、多くの女性たちが――少なくとも昔のカビリアやかつてのベアルン、さらには（内婚〔同一社会集団内での結婚〕の統計が証拠だてるように）おそらくそれ以外のところでも――社会的運命によってあてがわれた人を好ましいと思い、その人を愛するようになる場合がある。どれほどおぞましい生活条件や危険な職業においても、必要性や習慣から愛情の投入を強いられる場合については言うまでもない。

だが、クレオパトラの鼻は、あらゆる神話のなかの女性――誘惑者イヴ、蠱惑的なオムパレー〔ヘラクレスを奴隷にし女装させた女王〕、魔法や呪いをかける魔女キルケ――がもつ、恐怖と魅惑をひきおこす不吉な力の神話のすべてを思い出させ、それとともに、愛の神秘的な支配が男性にもおよぶことを思い出させる。親密な（フランス語で「枕の上の」と呼ばれる）関係の秘密と闇のなかで作用し、情熱的な愛着の魔法によって男性を服従させるとおぼしき力は、男性に社会的尊厳と結びついた義務を忘れさせ、支配関係の転覆をひきおこす。ただし、そうした転覆は、正常で自然な通常の秩序との致命的な断絶であり、自然に背いた違反として断罪されるのであり、違反は男性中心主義的神話を補強するのに好都合なのだ。

しかしこのままでは、闘争または戦争の観点にとどまることになる。それは愛や友情の経験の本質をなすと思われる、力および力関係の一時停止の可能性そのものを排除することだ。ところが、支配そのものが支配〔制御〕される、さらにいえば無効化され、男性的な暴力が鎮められるように見える奇跡的なこの種の休戦においては（たびたび立証されたとおり、女性たちは社会関係から粗野さと野蛮さを取り除いて文明化をもたらす〕、両性間の関係をつねに狩猟か戦闘に見立てる男性的な見方は終わりを告げる。それと同時に、相手を自分に執着させ、しばり、服従させ、おとしめ、従属させることを目的とする支配戦略、そのために心配、不安、期待、フラストレーション、痛み、屈辱を生じさせ、不平等な交換という非対称性を〔関係のなかに〕あらためて持ち込もうとする支配戦略も終わりを告げる。

だが、サーシャ・ヴァイトマン〔テルアビブ大学の社会学者〕がいみじくも述べているように、通常の秩序との断絶は、一挙に成し遂げられて終わりではない。たえず繰り返される不断の働きかけによってのみ、計算、暴力、利害の冷たい海の水から、愛の「魔法の島」という、あの完全に自己充足した閉じた世界を救い出せるのだ。それはたえまなく続く奇蹟の場である。非暴力の奇蹟――十全な相互性に基づく関係の確立によって可能になり、自己を放棄し委ねることを許す奇蹟。相互承認の奇蹟――サルトルが言うように、自分が「存在しているのには理由がある」と感じられる奇蹟、恣意的なはずの出会いをいわば恣意的に絶対化する〔必然だったと見なす〕ことを通じ、その絶対化において、自分のもっとも偶発的な特徴や否定的な特徴まで受け入れてもらえたと感じられる奇蹟（「それは彼だったからだし、わたしだったから」[43]）。無私無欲の奇蹟――たがいを道具と見なす関係ではなく、幸福を与える幸福にもとづく関係を可能にする奇蹟[44]。その幸福とは、相手が驚嘆してくれること、とりわけ相手が引き起こした驚嘆〔愛する相手にたいするこちらの驚嘆〕をみて驚嘆してくれることに、ひたすら驚嘆できる幸福である。これらはいずれも、象徴交換の経済の特徴が、もっとも強力なレベルに高められたものである。象徴交換がとる至高の形態は、自己の贈与と、商業流通から排除された聖なる対象である自己の身体の贈与である。象徴交換は、道具化されない持続的な関係を想定し生み出すため、デイヴィッド・シュナイダー〔アメリカの文化人類学者〕が示したように、労働市場での交換の対極に位置する。労働市場での交換とは、任意の行為者、すなわち無関係で交換可能な行為者がおこなう、厳密に道具化された一時的な商取引であり、そのなかでも金銭ずくまたは報酬目当ての愛は、それこそ言葉の真の矛盾であり、普遍的に瀆聖として認められる限界をあらわす(45)。

「純愛」、この愛の芸術至上主義〔芸術のための芸術〕は、芸術への純愛である芸術至上主義とおなじく、比較的最近の歴史的発明であり、両者は歴史的・構造的に固く結びついている(46)。純愛が完全に達成されたかたちで見つかることは、おそらくきわめてまれであろう。ほぼ絶対に到達できないリミットとしての「純愛」は――到達すると「狂気の愛」と呼ばれるが――、本質的にもろさを抱えている。なぜならつねに過度の要求、「狂気の沙汰」とつながり（それほど情熱を傾けるからこそ「恋愛結婚」がこれほど大きな離婚のリスクを抱えていることが明らかになったのではないか）、たえず利己的な計算の再来や単なるルーチン化の効果が引き起こす危機に脅かされているからだ。だがそれでもなお純愛は、とりわけ女性にとっては、規範または実践上の理想として成立するていどには存在する。純愛それ自体としても、純愛がもたらす特別な経験のためにも、追求に値するものとされるのだ。とりわけ文学の伝統のなかで純愛がまとう神秘のオーラは、厳密に人類学的な観点から見れば、容易に理解できる。象徴権力を求める闘争（承認の追求と、それに相関した支配の誘惑が引き起こす闘争）の一時停止にもとづく相互承認——それぞれが相手のなかに自分自身を認め、その相手をもうひとりの自分自身として認め、相手もまた自分をそんなふうに認めてくれる相互承認——は、その完全な反射性によって、利己主義か利他主義かという二者択一を超え、さらには主体と対象の区別すらも超えて、融合と交感の状態へと導く。よく神秘主義の隠喩に近い隠喩で喚起される状態、ふたりの存在が自己を失うことなく「ひとつになる」ことが可能な状態である。名誉の弁証法というものは、平等を前提としながらも、つねにどちらの立場が上〔支配的〕かという競争がエスカレートするおそれがあり、不安定で不安がつきまとう。恋愛主体は、別の主体の承認によって、そこからぬけだす。ただし承認は、自分とおなじように支配の意図を放棄する主体からしか得られない。恋愛主体は自由に自分の自由を主人〔と呼べる存在〕に託す。主人自身も自由を託してくれるので、たがいに一致して、自由な疎外行為を際限なく（「愛している」という言葉の冗長にならない反復を通して）肯定しあうことになる。恋愛主体は、自分が神に等しい創造主になって、愛する人を無から作り出したような気がするが、その創造は、愛する人から与えられた力によるものだ（それはとりわけ、恋人どうしがつけあい、ふたりだけが知っているユニークな名前すべてに現れる命名の力であり、そうした名前は、通過儀礼のように、あらたな誕生、絶対的な最初のはじまり、存在論的地位の変化をしるしづける)。創造主になったような気がするといっても、創造物を支配しようとする自己中心的なピグマリオンのような人物とは異なり、それと引き換えに同時に、自分の創造物による創造物として自己を生きるのである。

相互承認、存在理由や存在意義の交換、信頼の相互表明——いずれもみな完全な相互性のしるしである。完全な相互性こそが、愛しあう二者という、社会の基本単位で、強力な象徴的自己充足性をそなえ、分割不可能な統一体の閉じこもる円環に、通常は神の世俗的な代替物である《社会》の制度と儀式に求められるありとあらゆる認可〔聖別〕と競い合い、勝利する力を与えるのだ[47]。

結論

支配形式の科学的分析を公表すると、必然的に社会的効果がもたらされるが、その効果は相反する方向をとることがある。科学的分析による事実確認が、支配的言説――それは否定的な評決を下すとき、しばしばただ事実を記録したような外観をとる――と結局おなじになるかそれを裏づけるように見えてしまうと、支配を象徴的に強化しかねないが、ほとんど国家機密の公表のように、犠牲者の動員をうながして、支配の中和に貢献することもある。要するに、科学的分析の公表につきまとう誤解は多種多様で、予測は容易でも、前もって解消するのは難しい。

受容の条件がこれほど困難なのを見ると、分析者は、ただ誠意を訴える誘惑にかられるかもしれない。それは、題材がこれほど取り扱いに慎重さを要するときには誠意のみでは不十分なのを知らない場合だ。また、女性の条件をめぐる多くの著作の発想の源にある社会運動的な信念（それまで知られていなかったか、おろそかにされていた対象についての関心の根源にあるもの）も、誠意とおなじく不十分である。じっさい、どれほど高貴で寛大なものであれ、外的な考慮によって研究対象が決められた場合には、どんな学術的計画も危険にさらされる。その危険を、どれほど大きく見積もっても誤りではないだろう。「正しい主義主張」は、認識論的正当化のかわりにはなれず、反省的分析を不要にすることもできない。反省的分析は、「善意」の礼節がかならずしも「正しい闘争」に関連した利益への関心を排除するわけではないと発見せざるをえないときがある（ときにわたしは「あらゆる社会運動的な計画は非学問的である」と言ったことにされたが、これはそういう意味にはまったくならない）。なんだかよくわからないユートピア的な価値中立性 Wertfreiheit（「価値‐判断‐の差し控え」）の名のもとに、知的な政治的動員の存在が引き起こす個人的あるいは集団的動機づけを学問から排除することが問題でないとしても、やはり政治運動の最良のものですら、その転覆的性向を——まずは自分自身に対する——批判的な着想に変換できないならば、粗悪な学問と（いずれは）粗悪な政治をおこなうさだめなのだ。

たしかに、現実の科学的な記録という外見をとって現実を追認してしまうのを避けるために、支配と搾取のもっとも目に見えて否定的な効果を沈黙に付してしまうのは、じつによく理解できる。たとえば、被支配者の復権への配慮や、人種差別に武器を与える危惧から（まさに人種差別は、文化的差異を被支配者の本性のなかにあるものと見なし、文化的差異を生み出す生活条件を括弧に入れることで、「犠牲者が悪い」と主張する権利があると思っているからだ）、程度の差はあれ意識的に、「庶民文化《ポピュラー・カルチャー》」とか（アメリカの黒人に関して）「貧困の文化」という言い方を選ぶ場合がある。あるいはまた、今日の一部のフェミニストのように、「女性が支配関係に加担しているのを認めると、責任の負担を男性から女性に移してしまうのではと懸念し、服従の分析を回避する」[1]ほうを選ぶ場合もある。共感や連帯、義憤の名のもとに、抑圧された人びとや烙印《スティグマ》を押された人びとの表象を理想化し、特にきわめて否定的な支配の効果自体を沈黙に付したいという、一見すると寛大な誘惑に、反体制運動は大いに屈してきた。実際には、そうした誘惑に抵抗し、既成秩序の正当化だと思われる危険を冒して、支配が作り出したありのままの被支配者（女性、労働者など）が、どのような特性を通じて自身への支配に加担する可能性があるのか、明確にする必要がある[2]。外見はつねに体裁を守るためにあるので――あらためて喚起する必要もあるまいが――、暴露の企ては、保守主義からの憤慨に満ちた糾弾と革命主義者からの偽善的な告発とを同時に引き起こす危険にさらされている。明敏さがもたらすであろう結果を（当然ながら）とりわけ明敏に察知するキャサリン・マッキノンは、両性間の関係の真理を記述しようと努力するとき、どのように「女性たちが見下しの対象となっているwomen are condescended to」か述べているだけなのに、即座に「女性を見下して condescending to women」いると非難されると嘆く[3]。男性の場合、告発の可能性はさらに高いだろう。女性であるという「経験」からなる絶対的権威をよりどころにして、男性による女性研究のあらゆる試みを禁じる女性にたいして、男性は当然ながらなにも反論できない。そうやって、女性という研究対象の独占権をわけなく確保する女性がいるのだ。[4]

とはいえ、両性の差異についての男性の著作を読む前から疑ってかかることに、まったく根拠が欠けているわけではない。その理由は、対象を理解したつもりになった分析者が、みずからの考えにとらわれて知らないうちに正当化の意図にしたがい、自分が組み入れた前提を行為者の前提に関する新発見として提示しかねないからだけではない。なにより、何千年も前から社会組織の客観性と認知構造の主観性のなかに組み込まれている制度をあつかうため、男性性と女性性の対立を検討するにあたり、まさにこの対立にのっとって構造化された精神しかもたない分析者は、認識の対象としてあつかうべき知覚と思考の図式を認識の道具として用いる危険があるからだ。それゆえ、どれほど事情に通じた分析者も（カントやサルトル、フロイトやラカンのような人びとですら）、知らず知らずのうちに、思考されていない無意識のなかから取り出した思考の道具を、無意識についての考察を試みるために用いるおそれがある。

したがって、大いに躊躇したあと、このうえない危惧を抱きつつ、今日ほとんど完全に女性が独占しているきわめて困難な分野にわたしが身を投じたのは、共感を抱きつつ外部に位置していた関係上、フェミニズム運動の鼓舞した膨大な研究成果にくわえ、象徴支配の社会的原因と結果に関するわたし自身の研究成果に依拠すれば、次のような分析を生み出せると感じていたからだ。すなわち、女性の条件または（より関係を重視する方法による）ジェンダー関係についての研究と、ジェンダー関係の変革を目的とする活動の両方を、これまでとはちがう方向に導けるような分析である。じっさい、家庭という単位がもっとも異論の余地なく目に見えるかたちで（しかも身体的暴力の行使を通じてだけではなく）男性支配の現れる場所のひとつであるとしても、家庭で行使される物理的・象徴的な力関係の永続化の原理は本質的には、この単位の外部、すなわち教会、学校や国家などの審級と、これらの審級のおよぼす公然または隠然たる、公式または非公式の、本来の意味で政治的な作用のなかにあると、わたしには思えるのだ（この点を納得するには、いま話題になっている社会結合契約の計画に対する反応と抵抗を見れば十分である）(5)。

どういうことかというと、フェミニズム運動は、私的次元に属して見えるせいで伝統的に政治からしりぞけられ無視されてきた対象や懸念を、政治的に議論の余地のあるものや異議のあるものの領域に導入することで、政治的なものと政治化可能なものの領域を著しく拡大するのに多大な貢献をしたが、だからといって〔教会、学校、国家などの〕審級に関する闘争を、政治のもっとも伝統的な論理に属するという口実でこのまま除外してしまってはならない。そうした審級は――男性だけでなく女性の無意識の構造にも合致しているせいで――大部分が目に見えない否定的作用を通して、両性間の社会的な支配関係の永続化にきわめて強力に貢献しているからだ。とはいえ、政治的審級〔議会など〕における男女同数制《パリテ》の要求のような、フェミニズムの専売特許ともいえる形式の政治闘争にこのまま閉じこもってしまってもいけない。というのも、憲法が標榜する原則的普遍主義が見かけほど普遍的ではないこと――特に社会的身分を欠いた抽象的個人しか認めていない点——を思い起こさせる利点があるにしても、これらの政治闘争は、現に支配的な地位を占めている男性とおなじ社会空間の領域を出自とする女性を優先的に優遇することにより、別のかたちの虚構の普遍主義の効果を強化するおそれがあるからだ。

ただ（女性にも男性にもおなじだけ）身体化された構造と、大きな制度の構造——すなわち男性的な秩序だけでなく社会秩序全体が実現・再生産される場所（まず男性的な「右手」と女性的な「左手」の対立のまわりに構造化された国家や、〈ものの見方と分け方〉の基本原理すべてが実質的に再生産される原因となる、これまた相同的な対立のまわりに組織化されている学校）の構造——との客観的な共犯関係を通じて行使される支配の全効果を実際に考慮する政治活動のみが、おそらく長くかかるにせよ、この問題に関与する多様なメカニズムや制度に内在する矛盾を利用して、男性支配の漸進的衰退に貢献することができるだろう。

補遺　ゲイ・レズビアン運動に関するいくつかの問題

ゲイとレズビアンの運動は、その存在と象徴的行動によって暗黙のうちに、また同時にそれが生み出す、または生み出す原因となる言説と理論によって明示的に、社会科学のもっとも重要な問題に含まれるいくつかの問題を提起する。その問題の一部はまったく新しいものだ。[1] ある特殊な形式の象徴暴力に対するこの抵抗運動は、新しい分析対象を存在させているのだが、それにくわえて、現行の象徴秩序をきわめて根底から問いに付し、その秩序の基礎と秩序転覆をめざす動員が成功する条件とに関する問題をきわめてラディカルなやり方で提起する。

皮膚の色や女性性とは異なり、隠す（あるいは標榜する）ことのできる烙印《スティグマ》を押された同性愛者が犠牲者になる特殊な形式の象徴支配は、集団によるカテゴリー化の行為を通じて定着する。集団によるカテゴリー化の行為は（否定的に標識化された）意味のある差異を存在させ、それによりグループすなわち烙印を押された社会的カテゴリーを存在させる。ある種の人種差別とおなじく、こうした象徴支配は、この場合、目に見える公的存在を否認するかたちをとる。

「不可視化」としての抑圧は、公的で合法的な存在、すなわち認識・承認された存在を、とりわけ法によって拒否し、さらには烙印化によって拒否するかたちで現れる。烙印化がもっともはっきり現れるのは、運動が可視化を要求するときだ。そうなると、運動に対して（通常は義務と見なすことを強いられている）「慎み」や隠蔽に立ち戻るよう、明示的に注意が喚起される。

象徴支配や象徴暴力という語を用いること、それは、知覚・評価のカテゴリーの反転にいたる転覆的蜂起がないかぎり、被支配者は自分自身に対して支配者の側の視点をとる傾向があると言うに等しい。とりわけ烙印を押すカテゴリー化が生み出す宿命の効果と、特に（現実的あるいは潜在的な）罵り言葉を通じて、被支配者は無理矢理、まっすぐな知覚カテゴリー（地中海的見方におけるように、曲げられた crooked に対立する straight）を自分に適用して受け入れる方向に導かれかねない。被支配者は（支配的カテゴリーの観点から）自分を定義する性的経験を恥辱のなかで生き、気づかれて仮面をはがされる恐怖と、ほかの同性愛者に気づかれたい欲望のあいだで揺れ動くことになりうるのだ。

この象徴支配関係の特徴は、目に見える性的なしるしではなく、性的慣習行動に結びついている点だ。男性原理（活動的・挿入する）の女性原理（受動的・挿入される）に対する支配関係を性的慣習行動の正統な形態と見なす支配的な定義は、男性的なものすなわち支配原理を女性化し冒瀆することを暗黙のうちにタブー視するが、この女性化は同性愛関係に組み込まれたものだ。男性中心主義の神話が普遍的に承認されていることを証明するのは、ほかでもない男性同性愛者が、女性とともにその第一の犠牲者であるにもかかわらず、自分自身に対してしばしば支配的な原理を適用していることだ。彼らは、レズビアンとおなじく、自分たちのカップルのなかで男性役と女性役の分割をしばしば再生産している。こうした分割は、フェミニストとの接近を促進するものではない（フェミニストは、男性同性愛者たちと彼らの属する男性ジェンダーとの共犯性をいつでも疑いかねない。たとえ男性ジェンダーによって男性同性愛者が抑圧されていてもである）。しかも彼らは、ときおりもっともありふれたかたちでの極端な男性らしさの肯定に向かう。それはおそらく、かつて支配的だった「なよなよした」スタイルへの反動だろう。

　制度化された分割のかたちで客観性に組み込まれ、同時に（はずかしさとして表出する）身体症状化された支配関係のかたちで身体にも組み込まれた、この男性中心神話を構成するパラレルな対立は、自己の身体の知覚およびその身体の（特に性的な）使用の知覚、すなわち性別による分業と性にかかわる仕事の分担の両方を構造化する。同性愛の分析は、おそらく権力、つまり政治にセクシュアリティを結びつける絆をとりわけ先鋭に（たとえば、被支配者に対する受け身の同性愛が、二重に「自然に反する」ために多くの社会でおぞましい異常とみなされているのを喚起して）思い出させるがゆえに、性的関係を権力関係からラディカルに差異化するのを目指す性の政治（あるいはユートピア）に向かいうるのだ。

　しかし、性にもとづく差別の全犠牲者（および一般的に烙印を押されたすべての人びと）を動員すべき、こうした社会構造と知覚構造のラディカルな転覆を目的とすることを望まないならば、あるいはそれができないならば、象徴支配のもっとも悲劇的な二律背反のいずれかに閉じこもらざるをえない。というのも社会的に強制されたカテゴリー化に反逆しようにも、当のカテゴリー化にのっとって構築されたカテゴリーとして組織を作るしかなく、（たとえば多様な性的地位の区別が意味を持たなくなる新しい性的秩序のために戦うかわりに）分類や制約に抵抗したつもりが、抵抗の対象である分類や制約を存在させることになってしまうからだ。ゲイ・レズビアン運動は、ゲイやレズビアンの地位が、家族、地方、国民やほかのあらゆる集団的実体とおなじく、信条に基づく社会的構築物にすぎないのを思い出させるのに貢献した。はたしてそのような運動が、この社会的構築物を目に見え、認識され、承認されたものにできる象徴革命、――これまで目に見えなかったグループの集団的存在が顕在化する、ふだんにない単発的で公的なデモ、ゲイ・プライドのやり方で――烙印を反転させて旗印《エンブレム》にかえ、社会的構築物に現実化されたカテゴリーとしての完全な存在を与えられる象徴革命に甘んじてよいのだろうか。ますますそう問わずにいられないのは、「ゲイ」や「レズビアン」などの地位が社会的構築物（しかも部分的には同性愛に対抗して構築された「異性愛規範的」な秩序の集団的フィクション）であるのを示し、さらにその構築されたカテゴリーがきわめて多様なメンバーから構成されているのを思い出させることで、ゲイ・レズビアン運動は（これがもうひとつの二律背反だが）、いわばみずからの社会的基盤そのものを解体する傾向をもつからだ。ところがそれはまさに、支配的な象徴秩序を覆しうる社会勢力として存在し、みずからが掲げる主張に力を与えるために、ゲイ・レズビアン運動が構築しなくてはならない社会的基盤なのである。

ゲイ・レズビアン運動は、みずからの権利要求行動（とその矛盾）を徹底させ、国家に対して、烙印を押されたグループに、公的で公表された地位を、正式な身分証書によって日常的かつ持続的に承認するよう要求するべきだろうか。たしかに、象徴的な転覆行動は、リアリストになりたければ、いくつかの象徴的な断絶に甘んじるわけにはいかないのは事実だ。たとえ一部の美的挑発のように、自明のことがらを宙づりにするのに象徴的な断絶が有効であってもである。表象を持続的に変化させるには、身体化されたカテゴリー（思考図式）の持続的な変化を遂行し、定着させなくてはならない。身体化されたカテゴリーこそが、その有効性のおよぶ範囲内で、教育を通して、自然で異論がなく必然的で自明な現実という地位を社会的カテゴリーに付与し、社会的カテゴリーを生み出すからだ。象徴的な転覆行動が法に求めなくてはならないのは独自性の承認だが、承認は独自性の消滅を含意する（法は、フランス語の droit に法・権利と「まっすぐな」という意味があることからもわかるように、straight〔異性愛〕と固く結びついている）。じっさい、見えない存在から見える存在になるため、排除され不可視化された存在ではなくなるために闘わなくてはならなかった同性愛者たちが、まるで不可視の状態に戻ろう、支配的な規範に服従していわば中性で無力化された状態に戻ろうとしているかのようだ[2]。「扶養者」の概念が同性愛カップルの片方に適用されたときに、どれだけ多くの矛盾を含意するかを思えば、次のことはじゅうぶん理解できるだろう。すなわち、リアリストの立場からすれば、民事結合契約〔民事連帯契約PACS〕とは「秩序の側にくわわる」ために払うべき代償、よき兵士、よき市民やよき配偶者の持つ不可視の可視性という〔目立たずあたりまえに公認された存在である〕権利を取得し、同時に（相続権といった）共同体のすべての権利を持ついかなる構成員にも普通に与えられる権利の最低限を取得するために払うべき代償のように見えるのだが、それでも、多くの同性愛者にとって、こうした契約の含意する象徴秩序への譲歩（カップルの一方が依存した地位にあるという前提など）を完全に正当化するのは難しいのだ。（注目すべきことに、男女間の聖なる境界のスキャンダラスな侵犯から生まれた〔同性愛〕カップルの内部に、差異さらには序列を維持する結果生じる矛盾を最小限にするかのように、同性愛者の民事結合を承認させた北欧諸国の同性愛協会は、アニック・プリウールが指摘するとおり、こうした〔男女の〕分割と、それを支える能動／受動の対立を想起させるような特徴をひとつも示さない、ほとんど双子のようなカップルを前面に押し出すのを選んだ(3)。）

二律背反を合理的選択によって制御可能な二者択一に変換することは可能だろうか。正統性の力、すなわちあらゆる象徴支配（白人、男性、ブルジョワ）が押しつけるまっすぐな右派のドクサの力は、歴史的な差別から生じた個別性を、どこから見ても自然に見える身体化された性向にしてしまう点にある。そうした性向は、多くの場合それを生み出した客観的拘束にあまりに深く適応しているため、拘束を暗黙のうちに受け入れる形式を含んでいる（たとえば「ゲットーへの愛」としてのゲットー化が進行する)。それにともない、身体化された性向は、支配者に結びつくと、普遍的かつ中性〔中立〕で無標の属性、すなわち目に見え、格の違いを示すと同時に、目に見えず、無標で「自然な」属性(「自然な気品《ディスタンクシオン》」)として現れ、被支配者に結びつくと、「差異」として、すなわち理由づけを必要とする否定的なしるし、欠如さらには烙印として現れるさだめなのだ。こうした正統性の力は、普遍主義的な偽善が繰り広げるあらゆる戦略に、客観的な基礎とおそるべき効力を与える。普遍主義的な偽善とは、責任を逆転させ、被支配者が権利や共通の運命をもつことを要求するとかならず、個別主義ないし「共同体主義」による普遍主義的な契約の破棄と見なして告発する。じっさい逆説的なことに、被支配者たちが現実に認められていない普遍的な権利を要求するために集結すると、象徴的少数派の構成員は普遍性の秩序に立ち戻るべきだと警告されるのだ。ゲイ・レズビアン運動が、特に社会結合契約によって、ゲイとレズビアンにも共通の法律が適用されるように要求するそのときほど、運動の個別主義や「共同体主義」が激しく非難されることはないだろう(レズビアンは、運動内部でも、九〇%のゲイにたいして一〇%しかおらず、運動自体が強い男性主義的な伝統を特徴としているため、二重に被支配者である)。

いったい個別主義を普遍化せずに偽善的な普遍主義を阻むには、どうすればよいのだろうか。より現実主義的すなわちより直接的に政治的な言葉で言えば、運動の獲得した成果がなんらかのゲットー化に行き着くのをどうすれば回避できるのか。かならずしも経済的・社会的ハンディキャップを意味したり引き起こしたりしない行動の個別性に基づいているため、ゲイ・レズビアン運動が結集する個人は、烙印を押されてはいるが相対的に、とりわけ——象徴的闘争における強力な切り札となる——文化資本の点では恵まれている。ところが、あらゆる象徴的な転覆運動の目的は、新しい知覚と評価のカテゴリーを定着させることを目指す象徴的な破壊と構築の作業をおこなうこと（それによってグループを構築するような、あるいはよりラディカルに、烙印を押すグループと押されるグループの両者を生み出す分割原理そのものを破壊するようなやり方をすること）だ。同性愛者は、とりわけこの作業を実現するための武器をそなえているので、とりわけ転覆的な闘争においては、個別主義に結びついた利点を普遍主義のために役立てることができる。

とはいうものの、究極的な困難は、運動が、フェミニズム運動のように、強力な文化資本をそなえた行為者を集める点を特徴とするせいで、グループを体現・表現しながら作り出せるスポークスマンへの権利委譲の問題に、とりわけ先鋭なかたちで遭遇するさだめにあることだ。そして運動は、一部の極左運動のように党派《セクト》へ分裂し、それぞれの党派が公の場でグループの表現を独占する権利をもとめる闘争に参加する傾向がある。したがって、このような運動が、たがいに強化しあうゲットー化とセクト主義を免れる唯一の方法は、強力な転覆的性向（烙印を押された地位に結びついたもの）と強力な文化資本との相対的に希有な組み合わせに由来する独自の能力を、社会運動全体に奉仕するために用いることではないかと考えられる。あるいは、つかのまユートピア主義に流れつつ、少なくとも（一部の同性愛者グループが指導者と見なされる）象徴的活動と理論的作業の面において、転覆的な政治運動・学術運動の前衛に位置すること。そうやって、同性愛者を烙印を押されたほかのグループと区別する同性愛者個別の利点を普遍性に奉仕させることが、唯一の方法ではないだろうか。

註

■序文

（1）これは一九九八年に英語版とドイツ語版のために書かれた序文である。

■はじめに

（1）名前をあげて謝辞をのべることが、はたしてその方々の利になるのか害になるのかはっきりとわからないため、ここではただ、証言、資料、学術的典拠、発想を提供してくれた方々、とりわけ女性たちに、深い感謝の念をあらわし、それとともに、この著作が、なによりもその効果の面で、彼ら、彼女らの信頼と期待にふさわしいものとなることを希望するにとどめたい。

（2）〔訳註〕烙印《スティグマ》については、アーヴィング・ゴッフマン『スティグマの社会学――烙印を押されたアイデンティティ』石黒毅訳、せりか書房、改訂版二〇〇九年を参照。

（3）V. Woolf, *Trois guinées*, trad. V. Forrester, Paris, Éditions des Femmes, 1977, p. 200.〔邦訳ヴァージニア・ウルフ『三ギニー――戦争と女性』出淵敬子訳、みすず書房、二〇〇六年、一五八頁を参照。原著および邦訳では「社会」よりも「協会」が問題になっている〕

(4) 今のわたしの主張が最近の転向の産物ではないことを証明するだけかもしれないが、それでもここで、すでにかなり昔の著作の一節をあげておくことにする。そこでわたしは、民族学が世界の性別による分割に応用されたら「社会分析のとりわけ強力な形式になり」うると強調していた(P. Bourdieu, *Le Sens pratique*, Paris, Éditions de Minuit, 1980, p. 246-247)。〔邦訳ピエール・ブルデュ『実践感覚2』今村仁司ほか訳、みすず書房、一九九〇年、三一四頁〕

(5) たとえば心理学者が、男女を共通部分のない完全に分離された集合とみなすありふれた見方をそのまま採用することは珍しくない。男女の成績と能力の分布の重なりの度合いと、さらに(解剖学的な性徴から知性までの)領域の違いに応じて、男女間の違い(の規模)も違うということを知らなかったりする。あるいは、より深刻なことに、心理学者はしばしば自分の研究対象を構築し記述するさいに、通常言語に組み込まれている〈ものの見方と分け方の原理〉に従ってしまうことがある。たとえば通常言語のなかでいわれる違い――男性のほうが「攻撃的」で女性のほうが「こわがり」であるという説――を測定しようと努力したり、あるいはこうした違いを記述するために、通常の術語、したがって価値判断のつまった術語を使ったりする。数あるなかから、たとえば以下を参照。J. A. Sherman, *Sex-Related Cognitive Differences : An Essay on Theory and Evidence*, Springfield (Illinois), Thomas, 1978 ; M. B. Parlee, « Psychology : review essay », *Signs : Journal of Women in Culture and Society*, 1, 1975, p. 119-138 (特にJ. E. Garai と A. Scheinfeld が一九六八年につくった両性間の心理的行動的な違いの一覧表について) ; M. B. Parlee, « The Premenstrual Syndrome », *Psychological Bulletin*, 80, 1973, p. 454-465.

■第一章

（1）もしカビリアの見方を知った目で再読しなかったら、わたしはおそらくヴァージニア・ウルフの『灯台へ』が密かにおこなっている男性的視線の分析（以下でそれを提示する）を捉えなおすことはできなかっただろう。V. Woolf, *La Promenade au phare – To the Lighthouse*, trad. M. Lanoire, Paris, Stock, 1929, p. 24.〔邦訳ヴァージニア・ウルフ『灯台へ』御輿哲也訳、岩波文庫、二〇〇四年、三一頁〕

（2）J. Peristiany (ed.), *Honour and Shame : the Values of Mediterranean Society*, Chicago, University of Chicago Press, 1974およびJ. Pitt-Rivers, *Mediterranean*, Paris-La Haye, Mouton, 1963を参照。

（3）A. Van Gennep, *Manuel de folklore français contemporain*, Paris, Picard, 3 vol., 1937-1958.

（4）Cf. P. Bourdieu, « Lecture, lecteurs, lettrés, littérature », in *Choses dites*, Paris, Éditions de Minuit, 1987, p. 132-143.〔邦訳ピエール・ブルデュー「読むこと、読み手、文人、文学」、『構造と実践——ブルデュー自身によるブルデュー』（石崎晴己訳、藤原書店、一九九一年）所収、一七五—一九一頁〕

（5）男女の活動の分配に関する詳しい表については、P. Bourdieu, *Le Sens pratique, op. cit.*, p. 358.〔邦訳『実践感覚2』前掲書、一二四頁を参照〕

（6）〔訳註〕ここでいう「ドクサ」とは、自明視され、問われることのないもの。ブルデューは一九七七年の論考「象徴権力について」でも、フッサールの「ドクサ的な経験」に言及している。P. Bourdieu, « Sur le pouvoir symbolique », *Annales. Économies, Sociétés, Civilisations*, 32 année, n° 3, 1977, p. 405-411.

（7）〔訳註〕「社会弁護論 sociodicée」とは、「弁神論、神義論 théodicée」に倣ったブルデューの造語。現行の社会組織を説明して正当化する言説を指す。

(8) しばしば指摘されることだが、社会的知覚においても言語においても、男性という性は、無標で、いわば中性的なものとして現れる。それは、女性という、明示的に特徴づけられた性とは対照的である。ドミニック・メルリエは、筆跡の「性別」の認知というケースについて、そのことを確かめた。あるかないかを知覚されるのは女性的な特徴だけなのである(Cf. D. Merllié, « Le sexe de l'écriture. Note sur la perception sociale de la féminité », *Actes de la recherche en sciences sociales*, 83, juin 1990, p. 40-51.)

(9) たとえば、性的な序列を正当化する神話にほとんど出会わないことは特筆に値する(おそらく例外といえるのは、大麦の誕生神話 [cf. P. Boudieu, *Le Sens pratique*, *op. cit.*, p. 128]〔邦訳ピエール・ブルデュ『実践感覚1』今村仁司・港道隆訳、みすず書房、一九八八年、一二二頁〕と性行為における男女の「正常な」位置を合理化しようとする神話くらいである。後者についてはこの先で紹介する)。

(10) 本来ならここで神話儀礼的システムに関する分析のすべてを想起することができてしかるべきだろう(たとえば、家の内部空間の構造については、P. Bourdieu, *Le Sens pratique*, *op. cit.*, p. 441-461〔邦訳『実践感覚2』前掲書、二一一―二三二頁〕、一日の運営方法については、p. 415-421〔邦訳一八三―一九〇頁〕、農事暦については、p. 361-409〔邦訳一二八―一七八頁〕を参照)。しかしここではモデルの構築のために絶対に必要な最小限のことしか喚起できないため、民族誌的な「分析装置」にその最大の力を与えることを望む読者には、『実践感覚』の、あるいは少なくともこのあとに再録する一覧図の精読を勧めなくてはならない。

(11) ヨーロッパの伝承は、身体的ないし道徳的な勇気を男らしさと結びつけ(フランス語ではen avoir〔あれを持っている＝一人前の男である〕などの言い方をする）、ベルベル族の伝統とおなじように、はっきりと、鼻の大きさ（nif）という面目の象徴と、男根の推測上の大きさとのあいだにつながりがあるとしている。

（12）たとえばufthyenのような、ふくらむ食べ物やふくらませる食べ物については、P. Bourdieu, *Le Sens pratique, op. cit.*, p. 412-415〔邦訳『実践感覚2』前掲書、一八一―一八三頁〕を参照。神話的に両義的な、多重決定されている、または曖昧な行為ないしモノの機能については、p. 426 *sq.*〔同上、一九六頁以降〕を参照。

（13）もっとも喚起力があるのは、ambulという語で、本来は膀胱、太い腸詰めを指すが、男根をも意味する(Cf. T. Yacine-Titouh : « Anthropologie de la peur. L'exemple des rapports hommes-femmes, Algérie », *in* T. Yacine-Titouh〔éd.〕, *Amour, phantasmes et sociétés en Afrique du Nord et au Sahara*, Paris, L'Harmattan, 1992, p. 3-27 ; et « La féminité ou la représentation de la peur dans l'imaginaire social kabyle », *Cahiers de littérature orale*, 34, INALCO, 1993, p. 19-43)。

（14）充溢／空虚の図式および満たすことについては、P. Boudieu, *Le Sens pratique, op. cit.*, p. 452-453およびp. 397（蛇について）〔邦訳『実践感覚2』前掲書、二二二―二二四頁、および一六五―一六六頁〕を参照。

（15）女性は、自分の性器が、隠されたり（「ぴったりくっついた石」）、寄せ集められたり（yejmaâ）、秘密serrの保護下におかれたりしていなければ、美しくないと考える（それとは異なり、男性の性器は隠せないので、秘密serrをもたない）。女性器を指す語のひとつであるtakhnaは、フランス語のconのように、愚かな言動を表現する間投詞（A takhna !）として用いられる（「takhnaな顔」とは、はっきりしない平板な顔、立派な鼻がもたらす起伏を欠いた顔である）。

膣をさすもう一つのベルベル語、もっとも侮蔑的な語の一つでもある achermid には、「ねばねばした」という意味もある。

（16）いうまでもなく、これらの語はすべてタブーとされている。一見あたりさわりのない duzan（持ち物、道具）、laqlul（皿）、lah'wal（素材）、azaâkuk（尻尾）といった語も、代わりの婉曲表現としてしばしば用いられるため、おなじ扱いを受ける。カビリア族においては、われわれ自身の伝統とおなじように、男性の生殖器官は、少なくとも婉曲表現においては、道具や器具に見立てられる（フランス語では engin, machin など）。このことはもしかすると、今日でもなお技術的な道具や機械の操作が、一律に男性の仕事とされていることと関係づけるべきかもしれない。

（17）Cf. T. Yacine-Titouh, « Anthologie de la peur », *loc. cit.*

（18）M.-C. Pouchelle, *Corps et Chirurgie à l'apogée du Moyen Age*, Paris, Flammarion, 1983.

（19）Cf. T. W. Laqueur, « Orgasm, Generation and the Politics of Reproductive Biology », *in* C. Gallagherand, T. W. Laqueur (eds), *The Making of the Modern Body : Sexuality and Society in the Nineteenth Century*, Berkeley, University of California Press, 1987.〔トマス・ラカー『セックスの発明――性差の観念史と解剖学のアポリア』高井宏子・細谷等訳、工作舎、一九九八年も参照〕

（20）Y. Knibiehler, « Les médecins et la "nature féminine" au temps du Code civil », *Annales*, 31 (4), 1976, p. 824-845.〔イヴォンヌ・クニビレールの邦訳として、カトリーヌ・フーケとの共著『母親の社会史』中嶋公子訳、筑摩書房、一九九四年がある〕

（21）T. Laqueur, « Amor Veneris, Vel Dulcedo Appeletur », *in* M. Feher, avec R. Naddaf et N. Tazi (eds), *Zone*, Part III, New York, Zone, 1989.

（22）数えきれないほどの研究により、博物学と博物学者が性的差異を（そして、おなじ論理にしたがい、人種的差異を）自然化するのに貢献したことが示されているが、そのなかでロンダ・シービンガーの研究をあげることができる（Londa Schiebinger, *Nature's Body*, Boston, Beacon Press, 1993）。この研究は、どうやって博物学者が「自分の妻や娘に持っていてほしいと思った慎み〔modesty〕を、動物の牝がもっていることにした」のか（p. 78）、どうやって処女膜研究の結果、「女性の純潔の守護者」にして「女性の聖域の玄関」である処女膜が、「自然の摂理によって女性だけに付与されて〔are blessed with〕」（p. 93-94）おり、男性は（しばしば男性の名誉と結びつけられる）あごひげによって、男性ほど高貴ではない女性（p. 115）およびほかの「人種」と区別される、と結論づけたかを示している。〔邦訳『女性を弄ぶ博物学——リンネはなぜ乳房にこだわったのか』小川眞里子・財部香枝訳、工作舎、一九九六年、一二四頁、一〇八頁、一三九頁を参照〕

（23）たとえばN. M. Henley, *Body Politics, Power, Sex and Non-verbal Communication*, Englewood Cliffs (N. J.), Prentice Hall, 1977, 特に p. 89以下を参照。

（24）J. M. Henslin, M. A. Biggs, « The Sociology of the Virginal Examination », *in* J. M. Henslin (ed.), *Down to Earth Sociology*, New York-Oxford, The Free Press, 1991, p. 235-247.

（25）アメリカの法律は、「不道徳な収入によって生活すること」を禁じている。これは、性の自由な贈与のみが正統であり、売春は身体が秘めるもっとも聖なるものを商売にするという点において、冒瀆の最たるものだという意味である（cf. G. Pheterson, « The Whole Stigma, Female Dishonor and Male Unworthiness », *Social Text*, 37, 1993, p. 39-64）。

（26）「金銭は倒錯の典型的な様式に必要欠くべからざるものである。倒錯的妄想は、それ自体では了解不可能で交換不可能なため、通貨が、その抽象的な性格により、妄想の普遍的に了解可能な等価物となるのだ。」(P. Klossowski, *Sade et Fourier*, Paris, Fata Morgana, 1974, p. 59-60〔邦訳ピエール・クロソフスキー「サドとフーリエ」原好男訳、『ユリイカ』総特集サド、一九七二年四月号所収、一五二頁を参照〕)。「こうした挑戦によって、サドは、価値と価格の観念が、官能的な感動の底そのものに刻み込まれていて、無償性ほどに享楽に反するものはないことを正当に証明する。」(P. Klossowski, *La Révocation de l'édit de Nantes*, Paris, Éditions de Minuit, 1959, p. 102〔引用文は同上、邦訳一五六頁〕)

(27) 男のことを「取り憑かれた」、「犯された」(maniuk, qawad) というほどひどい侮辱の言葉はない。

(28) 否定的な先入観にありがちな論理により、男性の女性観においては、男性こそが女性の能力や無能力を要請したり生みだしたりする一因であるにもかかわらず、そうした能力や無能力を断罪することがある。たとえば、「女の市場には決着がつかない」——女性はおしゃべりで、とりわけ七日七晩話しあっても決心がつかないことがある——という指摘、あるいは、女性は同意を示すのに二度「はい」と言わなければならないという指摘がなされる。

(29) Cf. T. Yacine-Titouh, « Anthologie de la peur », *loc. cit.*

(30) シャルル・マラムー〔インド学者〕によると、サンスクリット語では、そうした体位を指すのに、Viparita、つまり「反転した」という語を用いるが、この語は、逆さまの世界、上下の区別もなくなった無秩序な世界を指すのにも用いられる。

(31) Cf. T. Yacine-Titouh, « Anthologie de la peur », *loc. cit.* [ ] 内の補足は原文による。

(32)〔訳註〕『実践感覚2』前掲書、二一八頁を参照。

(33) Cf. B. Ehrenreich, *The Hearts of Men, American Dreams and the Flight from Commitment*, Doubleday Anchor, Garden City, New York, 1983 ; E. Anderson, *Streetwise : Race, Class and Change in an Urban Community*, Chicago, Chicago University Press, 1990.〔邦訳イライジャ・アンダーソン『ストリート・ワイズ――人種／階層／変動にゆらぐ都市コミュニティに生きる人びとのコード』奥田道大・奥田啓子訳、ハーベスト社、二〇〇三年〕

(34) M. Baca-Zinn, S. Eitzen, *Diversity in American Families*, New York, Harper and Row, 1990, p. 249-254 ; L. Rubin, *Intimate Strangers*, New York, Basic, 1983.〔邦訳リリアン・B・ルービン『夫／妻この親密なる他人』賀谷恵美子ほか訳、垣内出版、一九九二年〕

(35) D. Russell, *The Politics of Rape*, New York, Stein and Day, 1975, p. 272 ; D. Russell, *Sexual Exploitation*, Beverly Hills, Sage, 1984, p. 162.

(36) 証明の必要上、ここまでわたしは、女性ないし男性を問題にする際に、社会的な地位を参照できなかったが、それぞれの場合に応じて、社会的な地位による差異化原理が性別による差異化原理におよぼす（あるいはその逆向きの）特定化の作用を考慮に入れる必要があることはわたしも意識しているし、本論の続きで何度かそうすることになるだろう。

(37) C. A. MacKinnon, *Feminism Unmodified, Discourses on Life and Law*, Cambridge (Mass.) et Londres, Harvard University Press, 1987, p. 58.〔邦訳キャサリン・A・マッキノン『フェミニズムと表現の自由』奥田暁子ほか訳、明石書店、一九九三年、九五頁を参照〕

(38) Cf. R. Christin, « La possession », *in* P. Bourdieu *et al.*, *La Misère du monde*, Paris, Éditions du Seuil, 1993, p. 383-391.

(39) たとえば K. J. Dover, *Homosexualité grecque*, Paris, La Pensée sauvage, 1982, p. 130 *sq.*〔邦訳ケネス・

ドーヴァー『古代ギリシアの同性愛』中務哲郎・下田立行訳、リブロポート、一九八四年、一三三頁〕を参照。

(40) Cf. P. Veyne, « L'homosexualité à Rome », *Communications*, 35, 1982, p. 26-32.〔ポール・ヴェーヌ「ローマにおける同性愛」福井憲彦訳、『愛と結婚とセクシュアリテの歴史』(新曜社、一九九三年)所収を参照〕

(41) J. Boswell, « Sexual and Ethical Categories in Premodern Europe », *in* P. McWhirter, S. Sanders, J. Reinisch, *Homosexuality / Heterosexuality : Concepts of Sexual Orientation*, New York, Oxford University Press, 1990.〔同著者の邦訳として『キリスト教と同性愛——一～十四世紀西欧のゲイ・ピープル』大越愛子・下田立行訳、国文社、一九九〇年を参照〕

(42) Cf. J. Franco, « Gender, Death, and Resistance, Facing the Ethical Vacuum », *in* J. E. Corradi, P. Weiss Fagen, M. A. Garreton, *Fear at the Edge, State Terror and Resistance in Latin America*, Berkeley, University of California Press, 1992.

(43) 制定儀礼が男性の身体における男らしさの成立に果たす貢献につけくわえるべきものとして、あらゆる子供の遊びが挙げられる。とりわけ、程度の差こそあれ性的コノテーションが明白であるような遊び(たとえば、小便をできるだけたくさん遠くまで飛ばす遊びや、幼い羊飼いの同性愛的戯れ)は、一見すると無意味だが、倫理的なコノテーションを過剰に担っており、そうしたコノテーションは言葉遣いのなかに組み込まれている(たとえば、ベアルンの方言でpicheprim、小便の細い奴といえば、けち、気前の悪い、という意味になる)。わたしが通過儀礼という概念に代えて制定儀礼という概念(この語は、制定されるもの——結婚の制定——と、制定する行為——継承者の制定——との両方を同時にさす語として理解しなくてはならない）を使わねばならなかったさまざまな理由については、P. Bourdieu, « Les rites d'institution » (in *Langage et Pouvoir symbolique*, Paris, Éditions du Seuil, 2001, p. 175-186)〔邦訳『話すということ——言語的交換のエコノミー』稲賀繁美訳、藤原書店、一九九三年、一三七—一五六頁〕を参照。通過儀礼という概念がたちまち成功をおさめたのは、おそらく常識的な前概念が学問的な外見をもつ概念に変換されただけのものだったからである。

(44) Cf. notamment N. J. Chodorow, *The Reproduction of Mothering : Psychoanalysis and the Sociology of Gender*, Berkeley, University of California Press, 1978.〔邦訳ナンシー・チョドロウ『母親業の再生産　性差別の心理・社会的基盤』大塚光子・大内菅子訳、新曜社、一九八一年〕

(45) カビリアでしばしば「男たちの息子たち」と呼ばれる人びと、複数の男性によって教育された人びととは反対に、「寡婦の息子」は、男児が女にならないために必要な刻々の仕事をしなかったのではないか、彼を女性化してしまうような母親の行動にゆだねられていたのではないか、と疑われる。

(46)〔訳註〕『実践感覚2』（前掲書、一四六—一四七頁）を参照。

(47) それ自体が空間と世界観全体のもっとも基本的な方向に結びついている qabel という語については、P. Bourdieu, *Le Sens pratique*, *op. cit.*, p. 151〔邦訳『実践感覚1』前掲書、一四七—一四八頁〕を参照。

(48) F. Haug *et al.*, *Female Sexualization. A Collective Work of Memory*, Londres, Verso, 1987. 著者たちは意識していなさそうだが、こうした身体の従属の学習は、女性からの共犯的な同意を（この学習のせいで制約を強いられるにもかかわらず）得ており、きわめて社会的に有標化されて〔それぞれの女性の社会的な位置に結びついて〕いる。女性性の身体化は、卓越化〔差別化〕の身体化と不可分である。胸もとがあまりに大きく開いた服、短すぎるミニスカート、濃すぎる化粧（それでいて、たいていの場合はとても「女性的」だと見なされる服装や化粧……）を下品だと見なして軽蔑する態度と不可分であると言ってもよい。

（49）Cf. N. M. Henley, *op. cit.*, p. 38, 89-91. ——それから、女性にふさわしい「姿勢のばかばかしさ」を示す、「男性向けの訓練」と題する「漫画」の複製（p. 142-144）を参照。

（50）女らしさの通常の学習において暗黙の状態にとどまっているものすべてが、「女性接客スタッフ養成のための専門学校」の礼儀作法ないし社交術に関する講義で解説されている。イヴェット・デルソーが指摘したとおり、そうした講義で学ぶのは、歩き方、立ち方（手を背に回し、両足は平行にする）、微笑み方、階段の上り方・下り方（足下を見ずに上り下りする）、テーブルでの振る舞い方（「接客をする女性は、すべてが順調にいくように配慮しなくてはなりませんが、ひとがそれに気づくようではいけません」）、客の扱い方（「愛想よく見せる」「親切に答える」）、礼儀作法と服装・化粧の仕方という二重の意味できちんとした態度（「派手な、目につきすぎる、けばけばしすぎる色は避ける」）である。

（51）〔訳註〕「顕示的消費」については、ヴェブレン『有閑階級の理論』高哲男訳、ちくま学芸文庫、一九九八年を参照。

（52）〔訳註〕Judith Rollins, *Between women : domestics and their employers*, Temple University Press, 1985.

（53）Cf. W. N. Thompson, *Quantitative Research in Public Address and Communication*, New York, Random House, 1967, p. 47-48.

（54）Cf. A. Van Stolk et C. Wouters, « Power Changes and Self-Respect : a Comparison of Two Cases of

Established-Outsiders Relations », *Theory, Culture and Society*, 4 (2-3), 1987, p. 477-488.

(55) L. Bianco, « Résistance paysanne », *Actuel Marx*, 22, 2e semestre 1997, p. 138-152.

(56) 不動産資産の生産の経済に関する研究の枠のなかでおこなったインタビューと観察により、この論理が今日もなお、われわれのすぐ近くで働いていることを何度も確認する機会があった(cf. P. Bourdieu, « Un contrat sous contrainte », *Actes de la recherche en sciences sociales*, 81-82, mars 1990, p. 34-51)。もはや男性たちは、経済という卑しい心配事に対していつもおなじような高慢な軽蔑を向けることはできない(もしかすると文化的な業界では別かもしれないが、とりわけ、権威ある地位を占めている場合には、経理というしばしば女性にゆだねられる低級な問題に対する無関心を示すことで、彼らのステータスの高さを明確にしようとするのは稀ではない。

(57)〔訳註〕経験に先立って経験を規定するものという意味では超越項だが、時代によって変化しうるという意味では歴史的である。

(58) 象徴的に支配的な位置(男性の、貴族の、組織の長の位など)を示す言語的・非言語的指標は(軍隊における階級章の読み方を学ばねばならないように)、「コード表」を学んだひとにしか理解できない。

(59) Cf. P. Bourdieu, « Sur le pouvoir symbolique », *Annales*, 3, juin 1977, p. 405-411.

(60) 一九九六年にフランスでおこなったインタビューでは、女性たちが自分の身体を受け入れる難しさを表明することがきわめて多かった。

(61) マイラ・マークス・フェリーは、おなじ論理にしたがい、家事が『本物の男性』にはふさわしくない」(unfit for « real men ») と見なされていることが家事分担を変えるためのおもな障害であると想起し、女性たちが、夫の価値を下げることをおそれて、夫が手伝ってくれるのを隠していると指摘している（cf. M. Marx Ferree, « Sacrifice, Satisfaction and Social Change : Employment and the Family », *in* K. Brooklin Sacks et D. Remy (eds), *My Troubles are Going to Have Trouble with Me*, New Brunswick (N. J.), Rutgers University Press, 1984, p. 73）。

（62）M. Bozon, « Les femmes et l'écart d'âge entre conjoints : une domination consentie », I : « Types d'union et attentes en matière d'écart d'âge », *Population*, 2, 1990, p. 327-360 ; II : « Modes d'entrée dans la vie adulte et représentations du conjoint », *Population*, 3, 1990, p. 565-602 ; « Apparence physique et choix du conjoint », *INED, Congrès et colloques*, 7, 1991, p. 91-110.

（63）カビリアの（名誉を重んじる）女性のなかには、実質的には支配者でありながら、きわめて繊細なかけひきによって、男性を支配者に見せるような、男性にもそう感じさせるような従属の位置をとるすべを心得ている女性がいることも喚起しておかねばならないだろう。

（64）〔訳註〕「履歴現象効果《ヒステリシス》」とは、外的な原因が消えたあとも残存する効果を指す。ブルデューはハビトゥスの惰性と「履歴現象効果《ヒステリシス》」について語っている（『ディスタンクシオンⅠ』石井洋二郎訳、藤原書店、一九九〇年、一七一頁）。

（65）Cf. B. Bastard et L. Cardia-Vouèche, « L'activité professionnelle des femmes : une ressource mais pour qui ? Une réflexion sur l'accès au divorce », *Sociologie du travail*, 3, 1984, p. 308-316.

（66）言語的支配に結びついた象徴的暴力の経験に関する多くの証言と指摘のなかから、ここでは典型的な例として、独立したナイジェリアに関するM・アビオドゥン・ゴケ＝パリオラのものだけを引用しておこう。「土着的なものすべてに対する内面化された軽蔑」が永続化していることは、ナイジェリア人の自身の言語に対する関係（学校でその言語を教えられることを彼らは拒否している）と、旧植民者の言語に対する関係に、とりわけあざやかに現れている。彼らは英語を話すとき「イギリス人の身体的な性向《ヘクシス》を採用して〔中略〕英語の鼻にかかったようなアクセントと見なされているものを獲得しようとする」のである（cf. A. Goke-Pariola, *The Role of Language in the Struggle for Power and Legitimacy in Africa*, African Studies, 31, Lewiston, Queenston, Lampeter, The Eden Mellen Press, 1993.）。

（67）おなじような言葉で、宗教的メッセージ（教皇の大勅書、予言、預言など）の象徴的効果を考えることができる。明らかにそれは、前もっての宗教的な社会化の作業（教理問答、礼拝への参加、そして特に宗教性の浸透した世界への幼時からの沈潜）に依拠しているのだ。

（68）J. Favret-Saada, « L'arraisonnement des femmes », *Les Temps modernes*, février 1987, p. 137-150.

（69）N.-C. Mathieu, *Catégorisation et idéologies de sexe*, Paris, Côté-femmes, 1991.

（70）*Ibid.*, p. 225.

（71）*Ibid.*, p. 226.

（72）*Ibid.*, p. 216.

（73）*Ibid.*, p. 180. ついでに指摘しておく必要があるが、再生産〔生殖〕関係に関する男性的な見方（たとえば、言説と儀礼において、女性固有の寄与を過小評価すること）に対する批判のなかでもっとも決定的な進歩の、もっともたしかな支えとなったのは、慣習行動、特に儀礼的な慣習行動に関する民族学的分析であった（たとえば cf. les textes réunis par N.-C. Mathieu, *in* N. Echard, O. Journet, C. Michard-Marchal, C. Ribéry, N.-C. Mathieu, P. Tabet, *L'Arraisonnement des femmes. Essais en anthropologie des sexes*, Paris, École des hautes études en sciences sociales, 1985)。

(74) ライプニッツは、パースのような近代哲学者のいくつかの直観を先取りし、「ハビトゥディネス」――変転からくる持続的な存在の仕方、構造――という語を用いて、表出のなかで発話されるものを示している（G. W. Leibniz, « Quid sit idea », *in* Gerhardt〔ed.〕, *Philosophischen Schriften*, VII, p. 263-264)。〔邦訳「観念とは何か」、『ライプニッツ論文集』園田義道訳、日清堂書店、一九七六年、二二四―二二七頁〕

(75) A.-M. Dardigna, *Les Châteaux d'Éros ou les infortunes du sexe des femmes*, Paris, Maspero, 1980, p. 88.

(76) 言語的な交換の理解において、交換に関する記号学的な見方との訣別の帰結については、P. Bourdieu, *Ce que parler veut dire*, *op. cit.*, p. 13-21, *passim*.〔『話すということ』前掲書、二三―三一頁を参照〕

(77) このような象徴財の経済の唯物論的分析は、「唯物論的」な研究と「象徴論的」な研究との対立を通して続いている「物質的なもの」と「観念的なもの」とのあいだの破滅的な二者択一を逃れることを可能にしてくれる（しばしばこれらの研究は、ミシェル・ロサルド、シェリ・オートナー、ゲイル・ルービンの研究のように、きわめて見事ではあるが、私見では、部分的なのである。ロサルドとオートナーは象徴的な対立の役割と被支配者たちの共犯性を見た。ルービンは象徴交換と結婚戦略とのあいだのつながりを見た)。〔ロサルドとオートナーの業績の一部は、論文集『男が文化で、女は自然か？――性差の文化人類学』山崎カヲル監訳、晶文社、一九八七年に収録されている〕

(78) ここで提示した命題のそれぞれについて、レヴィ＝ストロースの主張や、これに近いしかじかの分析とわたしの命題との違いをはっきり示すこともできた（あるいはするべきだった）だろう（レヴィ＝ストロースとの違いについては、とりわけ重要に思えた一点だけとりあげた）。特にゲイル・ルービンの分析（Gayle Rubin, « The Trafic in Women. The Political Economy of Sex », *in* R. R. Reiter (ed.), *Toward an Anthropology of Women*, New York, Monthly Review Press, 1975〔長原豊訳「女たちによる交通――性の「政治経済学」についてのノート」、『現代思想』第二八巻、第二号（二〇〇〇年二月号）、一一八―一五九頁〕）は、女性たちへの抑圧を解説しようとして、わたしとは異なる視座にレヴィ＝ストロースの基礎となる分析の特徴をいくつか取り込んでいる。これらの分析との違いを示しておけば、こうした研究者たちを正当に評価すると同時に、わたしの「差異」を強調することができただろうし、とりわけ、わたしが自分と対立するような分析を反復したり取り込んだりしているように見えかねないのを避けられただろう。

（79）M. O'Brien, *The Politics of Reproduction*, Londres, Routledge and Kegan Paul, 1981.

（80）こうした連続と不連続との対立は、われわれの宇宙では、女性的な家事のルーチンと、男性たちがよろこんで引き受ける「大事な決断」との対立のなかに見出される（cf. M. Glaude, F. de Singly, « L'organisation domestique : pouvoir et négociation », *Économie et Statistique*, 187, Paris, INSEE, 1986)。〔ブルデューは、ここ以外でも「しがなくて簡単な仕事 travaux humbles et faciles」を詩人ヴェルレーヌからの引用としてあげているが、正確な原文は以下のとおり。「容易で退屈な仕事にささげられた慎ましい生活は／選び抜かれた作品だが多くの愛情を欲する La vie *humble* aux *travaux* ennuyeux et *faciles* / Est une œuvre de choix qui veut beaucoup d'amour.」（詩集『叡智』所収）〕

（81）P. Bourdieu, *Le Sens pratique*, *op. cit.*, p. 358.〔邦訳『実践感覚2』前掲書、一二四頁〕

（82）Cf. P. Bourdieu, *Travail et Travailleurs en Algérie*, Paris-La Haye, Mouton, 1963, et *Algérie 60*, Paris, Éditions de Minuit, 1977.〔邦訳『資本主義のハビトゥス――アルジェリアの矛盾』原山哲訳、藤原書店、一九九三年〕

（83）〔訳註〕「幻想、思い込み」を意味するラテン語（illusio）。社会的なルールのある「ゲーム」について、参加に値すると見なす基本的な信念を指すブルデューの用語。

（84）名誉と結婚および継承の戦略との関係については、以下の研究を読むことができる。P. Bourdieu, « Célibat et condition paysanne », *Études rurales*, 5-6, avril-septembre 1962, p. 32-136 ; « Les stratégies matrimoniales dans le système des stratégies de reproduction », *Annales*, 4-5, juillet-octobre 1972, p. 1105-1127 ; Y. Castan, *Honnêteté et relations sociales en Languedoc (1715-1780)*, Paris, Plon, 1974, p. 17-18 ; R. A. Nye, *Masculinity and Male Codes of Honor in Modern France*, New York, Oxford University Press, 1993.

（85）その筆頭にあがるのは、少なくとも北アフリカ社会の場合、性的な次元である。それを示すのは、六〇年代にえられたアルジェの薬剤師の証言によれば、男たちがきわめて頻繁かつ普通に媚薬を用いるということだ――今も媚薬が伝統的な薬局の処方に占める割合はきわめて大きい。じっさい男らしさは、花嫁の処女喪失の儀礼の機会にくわえ、性的なことがらや男性の不調を大きく扱う女性たちの会話をとおして、集合的な判断によって、程度の差こそあれ隠されたかたちで、試されている。一九九八年の初頭に、バイアグラの出現が合衆国でも欧州でもひきおこした殺到ぶりは、数多くの心理療法士や医師の著述とあわせて、男らしさの身体的な現れをめぐる不安がけっして異国情緒あふれる国々に固有の特徴ではないことを証している。

（86）起源神話に関して見たように、男性は女性に明かされた女性器と快楽の発見によって茫然とする（そこに相互性はない）わけで、男性と女性を結びつける対立のシステムにおいては、悪魔的な狡猾さ（thah'raymith）の完璧なアンチテーゼとしての誠意と純朴さ（niya）の側に位置づけられる。この対立については以下を参照。P. Bourdieu et A. Sayad, *Le Déracinement. La crise de l'agriculture traditionnelle en Algérie*, Paris, Éditions de Minuit, 1964, p. 90-92.

（87）Cf. S. W. Fussell, *Muscle : Confessions of an Unlikely Body Builder*, New York, Poseidon, 1991, et L. Wacquant, « A Body too Big to Feel », in *Masculinities*, 2 (1), spring 1994, p. 78-86. ロイック・ヴァカンは「ボディビルディング」という、「B・グラスナーが述べるように、傷つきやすいという感覚に対する熱狂的な戦い」において明かされるような「男性性の逆説」と、「男性的なイルーシオが、それぞれの生物学的個体のうちに制定され組み込まれる複合的なプロセス」を正しく強調している。

（88）十九世紀末の中央ヨーロッパにおける伝統的ユダヤ人ハビトゥスの構築は、ここで記述した男性的ハビトゥスの構築過程の、一種の完全な逆転として現れる。暴力崇拝の明示的な拒否――たとえ決闘やスポーツのようにもっとも儀礼化された形式をとった暴力であっても――は、身体的な訓練、特にもっとも激しい〔暴力的な〕ものの価値を低く見ることへとつながり、そのかわりに知的・霊的な訓練を重視し、それによってソフトで「平和的」な性向の発展（強姦や凶悪犯罪の少なさが示す）をうながした（cf. V. Karady, « Les juifs et la violence staliniennes », *Actes de la recherche en sciences sociales*, 120, décembre 1997, p. 3-31）。

（89）男らしさと暴力のつながりは、ペニスを武器として表現するブラジルの伝統では明快である（CR. G. Parker, *Bodies, Pleasures and Passions : Sexual Culture in Contemporary Brazil*, Boston,

Beacon Press, 1991, p. 37)。挿入行為（*foder*）と支配との相関関係もまた明快である（p. 42)。

(90)〔訳註〕アーヴィング・ゴッフマンの用語。「多数の類似の境遇にある個々人が、一緒に、相当期間にわたって包括社会から遮断されて、閉鎖的で形式的に管理された日常生活を送る居住と仕事の場所」（『アサイラム——施設被収容者の日常世界』石黒毅訳、誠信書房、一九八四年、v頁）を指す。

■第二章

(1) 幼少期の段階から、子供たちは、性別によってきわめて異なる集合的な期待の対象であり、修学状況において、男子のほうが特権化された扱いを受けていることを確証するすべての指摘を引用しなくてはならないだろう（知られているとおり、教師は男子により多くの時間を割き、男子のほうが質問をうける機会は多く、発言をさえぎられる機会は少なく、一般討論への参加度が大きい）。〔支配欲 libido dominandi と知の欲望 libido sciendi という用語については、パスカルの『パンセ』（ブランシュヴィック版四五八、四六〇）およびブルデュー『パスカル的省察』加藤晴久訳、藤原書店、二〇〇九年、一七三頁、一八九頁を参照〕

(2)〔訳註〕モースの用語については、『パスカル的省察』にも言及がある（前掲邦訳、三一九頁、註21）。ヴェーバーの用語は「客観的な潜在可能性」として、ハビトゥスや「界」の定義にしばしば借用される。『社会科学と社会政策にかかわる認識の「客観性」』、岩波文庫、一九九八年の折原浩による解説、二四二—二四五頁も参照。

(3) 職種に占める女性の割合というかたちで統計が記録しているものの社会的な効果をすべて、細部にわたって分析しなければならないだろう（cf. J. C. Tonhey, « Effects of Additional

Women Professionals on Rating of Occupational Prestige and Desirability », *Journal of Personality and Social Psychology*, 1974, 29〔1〕, p. 86-89)。それほど知られていないが、集団における男性と女性の人口の割合は、それ自体としてさまざまな効果をおよぼす。たとえば、公式のプログラムに組み込まれていないけれども漠然と教え込まれるような、ある種の性向の獲得をうながすのである（cf. M. Duru-Bellat, *L'École des filles. Quelle formation pour quels rôles sociaux*, Paris, L'Harmattan, 1990, p. 27)。女子生徒は、彼女たちが少数派であるような職業技術教育の専門課程においては、そうでない場合よりも成績がよくない傾向があることすら確認されている（cf. M. Duru-Bellat, *op. cit.*)。

（4）ナンシー・ヘンリー〔Nancy M. Henley, *op. cit.*〕が「触覚の政治」と呼んでいるもの、すなわち身体的な接触（頬を軽くたたいたり、肩や腰に手を回したりすることなど）における男性と女性の非対称性を、多くの女性観察者が確認している。

（5）Cf. M. Maruani et C. Nicole, *Au Labeur des dames. Métiers masculins, emplois féminins*, Paris, Syros/Alternatives, 1989, p. 15.

（6）*Ibid.*, p. 34-77.

（7）恣意的な差異の永続化が、神話的な見方の最古層の分割に依拠していることもある。たとえば、熱いものと冷たいものの分割が、ガラス産業の場合に見られる。熱い部門（炉と製造）は男性が担当して、高貴なものと見なされ、冷たい部門（検査、選別、包装）はそれほど高貴ではなく、女性にゆだねられており、両者のあいだに溝が確認できる（cf. H. Sumiko Hirata, *Paradigmes d'organisation industriels et rapports sociaux. Comparaison Brésil-France-Japon*, Paris, IRESCO, 1992)。

(8) P. Bourdieu, *Le Sens pratique, op. cit.*, p. 450.〔邦訳『実践感覚2』前掲書、二二〇頁を参照〕

(9) « The more I was treated as a woman, the more woman I became. I adapted willy-nilly. If I was assumed to be incompetent at reversing cars, or opening bottles, oddly incompetent I found myself becoming. If a case was thought too heavy for me, I found it so myself » (J. Morris, *Conundrum*, New York, Harcourt, Brace, Jovanovich, 1974, p. 165-166).〔ジャン・モリス『苦悩——ある性転換者の告白』竹内泰之訳、立風書房、一九七六年〕

(10)〔訳註〕ゴッフマンの概念。自分が担う役割に期待される行動様式から距離をおくこと、その表現を指す。『出会い——相互行為の社会学』佐藤毅・折橋徹彦訳、誠信書房、一九八五年を参照。

(11)〔訳註〕チョドロウについては『母親業の再生産』前掲書を参照。「フェミニスト的なエクリチュール」は(エレーヌ・シクスーの提唱した)「エクリチュール・フェミニン」の誤記と思われる。

(12) ドミニック・メルリエは、男性的な筆跡と女性的な筆跡の違いを男子と女子がどのように差異化して知覚しているかを分析し、こうしたたぐいのメカニズムを明らかにした(cf. Merllié, *art. cit.*)。

(13) そうすると身体は、その保持者が社会空間に占める位置に厳密に比例した価値を受け取る可能性がきわめて高いことになるだろうが、ときには例外的に、社会的遺伝の論理に対する生物学的遺伝の論理の自律性が働いて、経済的社会的に恵まれない人びとの側に、もっとも希少な身体的特性、たとえば美がもたらされることもあり(そんなとき、そうした美は既存の秩序を脅かすものであるがゆえに「破滅をもたらす美」〔ファム・ファタル、傾城、傾国に相当〕といわれるが)、また逆に、遺伝のアクシデントによって、ときには「偉人」が、美や背の高さという、彼らの地位にあう身体的属性を持っていないこともある。

(14) この点に関しては、S. Fisher et C. E. Cleveland, *Body Image and Personality*, Princeton, New York, Van Nostrand, 1958を参照。〔この文献を引用した一九七七年の論考をブルデューはここで再活用している。P. Bourdieu, « Remarques provisoires sur la perception sociale du corps », *Actes de la recherche en sciences sociales*, 1977, vol. 14, n°1, p. 51-54〕

(15) 広告のなかの庇護者的な包容力を表す関係については、E. Goffman, « La ritualisation de la féminité », *Actes de la recherche en sciences sociales*, 14, 1977, p. 34-50を参照。

(16) 女性がいわゆるロマンティックな、またはロマネスクな恋愛にとりわけひかれるのは、おそらく、部分的には、とりわけそのほうが得だからである。そうした恋愛は、女性に男性支配からの解放を約束するだけでなく、結婚(それにより女性は、男性社会で下から上へと流通する)というもっともありふれたかたちでも、普通ではない〔非日常的な〕かたちでも、社会的上昇のための、しばしば唯一の道を提供してくれるからだ。〔ジャン=ポール・サルトル『存在と無　現象学的存在論の試み Ⅱ』松波信三郎訳、ちくま学芸文庫、二〇〇七年、第三部第三章Ⅰ、特に三八六頁を参照〕

(17) 多くの時間と金とエネルギーを(階級によって異なるが)吸収する美容ケアの極限は美容整形であり、これはアメリカ合衆国で巨大産業になっている(毎年、一五〇万人が美容整形科を利用している。cf. S. Bordo, *Unbearable Weight, Feminism, Western Culture and the Body*, Berkeley, University of California Press, 1993, p. 25)。

(18) Cf. C. A. MacKinnon, *op. cit.*, p. 121 *sq.*〔マッキノン『フェミニズムと表現の自由』前掲書、

一九七頁以下を参照〕

（19）S. Lee Bartky, *Feminity and Domination, Studies in the Phenomenology of Oppression*, New York-Londres, Routledge, 1990, p. 41.〔「軍産複合体」になぞらえた概念。おもにファッション業界を指すと考えればよい〕

（20）*Ibid*. (« For many women, dominance in men is exciting ») et p. 47.

（21）*Ibid*., p. 51.

（22）支配者はとりわけ、自分自身に関する自分の見方を客観的で集合的なものとして押しつける力をもつ（その極限は威厳に満ちた騎馬像や肖像画によって表される）。また、恋愛や信仰とおなじく、人類共通の対象化の力を他者に放棄させる力をもつ。そうやって支配者は絶対的な主体になる。外部を持たず、存在するがままに存在する正当性を十全に備えた主体になるのだ。

（23）ヴァージニア・ウルフは、この逆説を意識していた。この逆説に驚くのは、文学と文学に固有の真理探究手段について単純な見方しかしていない人びとだけだろう。「真理が大事になるときは、むしろフィクションを書くことを好みます」(V. Woolf, *The Pargiters*, New York, Harcourt, Brace, Jovanovich, 1977, p. 9)。「フィクションはここでは事実よりも多くの真理を含んでいるようです」(V. Woolf, *A Room of One's Own*, Londres, Leonard and Virginia Woolf, 1935, p. 7〔『自分ひとりの部屋』片山亜紀訳、平凡社ライブラリー、二〇一五年、一一頁参照〕）とも述べている。

（24）V. Woolf, *La Promenade au phare*, *op. cit*., p. 24.〔ヴァージニア・ウルフ『灯台へ』御輿哲也訳、岩波文庫、二〇〇四年、三一頁〕小説を読んでいるときは、すこしずつ発見して理解するしかないが、ラムジー氏は学生や同僚にとりまかれた教授であり、このとき彼が大声でテニスンの有名な詩「軽騎兵進撃」を朗誦しているところを偶然、妻と客人が聞くのである。

(25) *Ibid.*, p. 87.〔邦訳一三〇頁〕

(26)〔訳註〕エミール・バンヴェニスト『インド＝ヨーロッパ諸制度語彙集Ⅱ』前田耕作監修、安永寿延解説、蔵持不三也ほか訳、言叢社、一九八七年を参照。

(27) *Ibid.*, p. 11. 強調ブルデュー。〔邦訳一〇頁〕

(28) *Ibid.*, p. 10. 強調ブルデュー。〔邦訳八―九頁〕

(29) *Ibid.*, p. 10-11. 強調ブルデュー。〔邦訳九頁〕

(30) *Ibid.*, p. 27.〔邦訳三四頁〕

(31)〔訳註〕邦訳六四頁にあるとおり、戦地の冒険ではなく極地探検のイメージと読んだほうが自然だと思われる。

(32)〔訳註〕邦訳六二―六三頁。ここでラムジー氏は、思想家が到達するレベルを二六文字のアルファベットに喩えて、自分はQまで到達したと思っている。

(33) *Ibid.*, p. 45-46. 強調ブルデュー。〔邦訳六四―六六頁。仏訳のニュアンスを〔 〕内に補った。〕ここで学界での成功欲《リビドー・アカデミカ》は文学的な中和化の外見のもとに表現されえているのだが、この喚起を『ホモ・アカデミクス』(*Homo academicus*, Paris, Éditions de Minuit, 1984〔石崎晴己・東松秀雄訳、藤原書店、一九九七年〕)で提示されているような大学界の分析の基盤に再導入する必要がおそらくあるだろう。

(34) V. Woolf, *La Promenade au phare*, *op. cit.*, p. 44.〔邦訳六四頁〕

(35) この点については、P. Bourdieu, *Méditations pascaliennes*, Paris, Éditions du Seuil, 1997, p. 199

sq.〔『パスカル的省察』前掲書、二八四頁以下〕を参照。

(36) V. Woolf, *La Promenade au phare*, *op. cit.*, p. 41.〔邦訳五九頁〕

(37) このことがとりわけよく見られるのは、庶民階級の若い女性たちが、スポーツに対する「彼氏」の熱狂にくわわるときである。そうした態度は〔スポーツそのものへのやむにやまれぬ情熱ではなく〕決意と愛情にもとづくものであるだけに、男性側からすると、軽薄で、さらには馬鹿げたものに見えかねない。また、反対の態度——女性が自分には手の届かないもの〔趣味など〕への男性の熱狂に対して見せる嫉妬深い敵対心——も、結婚後はこちらのほうが多いのだが、男性にはおなじように受けとめられる。

(38) *Ibid.*, p. 10.〔邦訳八—九頁。既出。ブルデューは p. 47としているが誤記〕

(39) *Ibid.*, p. 40.〔邦訳五七頁〕

(40) ラムジー夫人のになう保護者の役割は、何度か喚起されている。とりわけ、ひな鳥を守るために羽ばたきをする雌鶏のメタファーを通してである（*ibid.*, p. 29, 30, 31.〔邦訳三八—四二参照〕)。「夫人の態度には、何かすべての男性を守ってあげたい、とでもいった様子があった。そんな気持ちになる理由は自分でもうまく説明できなかったが」（*ibid.*, p. 12. 強調ブルデュー。〔邦訳一二頁〕。p. 48〔邦訳六八—七〇頁〕も参照）

(41) *Ibid.*, p. 42.〔邦訳五九頁〕

(42) *Ibid.*, p. 126-127.〔邦訳二〇一頁〕

(43) しばしば指摘されてきたことだが、女性たちは、男性たちの情動生活を調節するという、カタルシス的でほとんどセラピー的な機能を果たしている。彼らの怒りを鎮めたり、不公平や生活の困難を受け入れるよう手伝っているのである（たとえば、N. M. Henley, *op. cit.*, p. 85

を参照)。
(44) V. Woolf, *La Promenade au phare*, *op. cit.*, p. 41. 強調ブルデュー。〔邦訳五八―五九頁〕
(45) *Ibid.*, p. 125-126.〔邦訳二〇〇頁〕
(46) *Ibid.*, p. 126.〔邦訳二〇〇頁〕
(47) 多くの調査が明らかにしたように、女性たちは自らの成功を夫の成功によって測る傾向がある。
(48) V. Woolf, *La Promenade au phare*, *op. cit.*, p. 10.〔邦訳八頁〕
(49) 見てのとおり、オットー・ヴァイニンガーがカント哲学を標榜したのは完全に間違いではない。彼は、女性が簡単に自分の姓を捨てて夫の姓を名乗ることを非難したあと、「女性は本質的に名を持たない。女性はその本性からして人格を欠くからだ」と述べた〔ヴァイニンガー『性と性格』竹内章訳、村松書館、一九八〇年、二二一―二二二頁を参照。ブルデューは『パスカル的省察』のなかでもこの一節に言及している。前掲邦訳一二三頁を参照〕。この文章の続きで、カントは、社会的無意識の連関により、女性から「群衆」(伝統的に女性的なものと見なされていた)へと移行し、代理委託の必然性のなかに組み込まれた諦めから、国民が「国父」のために任務を放棄するという「従順さ」へと話を移している(E. Kant, *Anthropologie du point de vue pragmatique*, trad. M. Foucault, Paris, Vrin, 1964, p. 77〔邦訳カント「実用的見地における人間学」渋谷治美訳、『カント全集』第十五巻所収、岩波書店、二〇〇三年、一四三頁。強調ブルデュー〕)。
(50) 会社的な世界における、とりわけ上司と秘書のあいだの、あらゆる性的なやりとり(cf. R. Pringle, *Secretaries Talk, Sexuality, Power and Work*, Londres-New York, Allen and Unwin, 1988. 特に

p. 84-103）を、「セクシュアル・ハラスメント」（これはおそらくどれほど「ラディカル」な告発においてもまだ過小評価されている）と、女性的な魅力を権力獲得の道具としてシニカルかつ道具的に使用すること（cf. J. Pinto, « Une relation enchantée : la secrétaire et son patron », *Actes de la recherche en sciences sociales*, 84, 1990, p. 32-48）とのあいだの、二者択一に封じ込める傾向があるが、ここで述べたことはそうした傾向への反論である。

■第三章

（1）マルクスが提示した労働期間（すなわち農業活動に関しては、男性に割り当てられた耕作と収穫）と生産期間（発芽など）――種子が純粋に自然な変容プロセスを被る期間で、妊娠期間中に母胎において完遂されるプロセスと相同的――との区別は、再生産〔生殖〕の――男性が活動的で決定的な役割を演じる子づくりの時間と妊娠の時間が対置される――サイクルと等価である。（cf. P. Bourdieu, *Le Sens pratique, op. cit.*, p. 360-362.〔『実践感覚2』前掲書、二二七―二二九頁〕）

（2）ジョルジュ・デュビィとミシェル・ペローの監修する『女の歴史』全五巻（*L'Histoire des femmes*, dirigée par Georges Duby et Michèle Perrot, Paris, Plon, 1991, 1992〔『女の歴史』杉村和子・志賀亮一監訳、藤原書店、一九九四―二〇〇一年〕）を注意深く読みさえすれば、そのとおりだと納得できる。

（3）この膨大な任務のごく一部に、わたしはすでに初期の研究から取り組み、学校教育制度が社会的カテゴリー間の差異のみならず、ジェンダー間の差異を再生産するのにも貢献しているのを示そうと試みた。

（4） V. L. Bullough, B. Shelton, S. Slavin, *The Subordinated Sex. A History of Attitudes toward Women*, Athens (Ga) et Londres, The University of Georgia Press, 1988 (2e éd.).

（5） 特にジョージ・チョーンシーの著作『ゲイ・ニューヨーク』〔George Chauncey, *Gay New York : the making of the gay male world*, 1890-1940, Flamingo, 1995〕によって知られているとおり、同性愛者と異性愛者との対置が出現したのはごく最近であり、異性愛か同性愛かという選択が相互排除的なものとして定着したのは、おそらく第二次世界大戦後のことに過ぎない。それまでは男性のパートナーから女性のパートナーに移る人は多く、いわゆる「正常」な男性は、いわゆる「男性側」の役割にとどまりさえすれば、「女役」と肉体関係を持てたからだ。「倒錯者」、すなわち男性を欲望する男性は、なよなよした物腰や服装をしていたが、そうした物腰や服装は、同性愛者と異性愛者の区別がより明確になってから減少しはじめた。

（6）〔訳註〕たがいに共調する意図がなくとも、三者がおなじ「客観的な必要事へと調整されているがゆえに客観的に連係し」、共調・一致するよう編成されている「客観的オーケストレーション」の状態を指す（『実践感覚2』前掲書、九二—九五頁）。

（7） Cf. N. J. Chodorow, *op. cit.*〔チョドロウ、前掲書〕

（8） スペイン教会が女性をめぐる悲観的な見方（女性は道徳的堕落に責任を負い、それゆえ世界のあらゆる罪を償うために苦しんで当然という考え）の永続化に果たしてきた役割については、以下を参照。W. A. Christian, Jr., *Visionnaires : The Spanish Republic and the Reign of Christ*, Berkeley, University of California Press, 1997. この贖罪倫理は、ヴィシー政府が（このうえなく古風《アルカイック》な女性の表象を武器にしながらも、女性の支持をえて）おこなった復古の中心にもある。おなじようにスペインの司祭も、女性の不浄を断罪しながら、幼い「見神者」

たち（とりわけ女性）を搾取し、彼女たちの奇蹟による見神体験を悪用していた（F. Muel-Dreyfus, *Vichy et l'Éternel féminin*, Paris, Éditions du Seuil, 1996を参照）。

（9）Cf. J. Maître, *Mystique et Féminité. Essai de psychanalyse socio-historique*, Paris, Éditions du Cerf, 1997.

（10）Cf. S. F. Matthews-Grieco, *Ange ou diablesse. La représentation de la femme au XVIe siècle*, Paris, Flammarion, 1991. 特に三八七頁を参照。「コミュニケーション手段はそこではつねに男性の手中にある。書物、図像、説教は男性によって書かれ、描かれ、朗読されるのに対し、大部分の女性は、単なる教育不足によって、文化と書物の知識から切り離されている。」（三二七頁）

（11）男性支配が学校教育制度においてとる特殊な形態は、ここでは抽象的に見えるかもしれない。だが学校の表象と順位がサルトルの優位をシモーヌ・ド・ボーヴォワールに認めさせたとするトリル・モイの分析をたどれば、より具体的になるだろう。（Cf. T. Moi, *Simone de Beauvoir, The Making of an Intellectual Woman*, Cambridge, Blackwell, 1994〔トリル・モイ著『ボーヴォワール――女性知識人の誕生』大橋洋一ほか訳、平凡社、二〇〇三年〕; et P. Bourdieu, « Apologie pour une femme rangée », Préface à T. Moi, *Simone de Beauvoir. Conflits d'une intellectuelle*, Paris, Diderot Éditeur, 1995, p. VI-X.)

（12）医学は十九世紀にいたるまで、女性（特に女性の生殖行動）の地位を、解剖学的・生理学的理由によって説明した。Cf. P. Perrot, *Le Travail des apparences, ou les transformations du corps féminin, XVIIIe-XIXe siècle*, Paris, Éditions du Seuil, 1984.

（13）Cf. G. Lakoff, *Moral Politics, What Conservatives Know that Liberals Don't*, Chicago, The University of Chicago Press, 1996.〔ジョージ・レイコフ著『比喩（メタファー）によるモラルと政治――米国における保守とリベラル』小林良彰・鍋島弘治朗訳、木鐸社、一九九八年〕

（14）多様な政治体制に特有の身体管理政策を詳細に喚起する必要があるだろう。まず専制体制において催される大規模な軍事パレードや大がかりなマスゲームがある。そこで表現されるのは、「保守革命」の男性兵士と男性共同体への信仰と、緊張を強いる苦行の英雄的道徳に基づく超男性的哲学（cf. G. Mosse, *L'Image de l'homme : l'invention de la virilité moderne*, Paris, Abbeville, 1997（原著：*Image of Man : The Creation of Modern Masculinity*, New York, Oxford Press, 1996）〔ジョージ・L・モッセ『男のイメージ――男性性の創造と近代社会』細谷実・小玉亮子・海妻径子訳、作品社、二〇〇五年〕）や、ヴィシー政府の家父長主義的で退行的な民間伝承《フォークロア》である（cf. F. Muel-Dreyfus, *op. cit.*）。民主主義体制においても、とりわけ家族政策、特にレミ・ルノワールが家族中心主義と呼ぶもの（cf. R. Lenoir, « La famille, une affaire d'État », *Actes de la recherche en sciences sociales*, 113, juin 1996, p. 16-30）と、教育活動全般があげられる。

（15）権力の間接的行使の道具としての国家の機能を思い起こせば、家庭での女性（と子供）に対する男性の権力を、男性支配のもっとも重要な場と見なす傾向を免れることができる。国家のこうした機能の分化を思い起こせば、一部のフェミニストを対立させてきた偽りの論争、国家が女性にとって抑圧者か解放者かという問題をめぐる論争をしりぞけることができる。

（16）いうまでもなく、それは恒常性の要因として無視できないもので、個々人の行動の寄せ集めによって、家庭単位の内部でも労働の世界でも作用する。また、なかば集団的に計画された象徴行動（たとえば〔フェミニズム以後の男尊女卑思想としての〕「新マッチョ主義」と呼べる行動や「ポリティカリー・コレクト」に対するある種の批判）を通じても作用する。

（17）おそらく無視できない変化要因としてあげられるのは、料理、洗濯、掃除、買い物など、家事労働の負担軽減に役立った（軽減の割合は社会的地位により異なるが）機器や消費財の増加だろう（その証拠に、ヨーロッパでもアメリカでも、家事に費やす時間は一定の割合で減少してきた）。託児所と幼稚園が発達したものの、育児の負担を縮小するのは（家事よりも夫婦での分担が進んでいるにもかかわらず）いまだに困難である。

（18）Cf. L. W. Hoffman, « Changes in Family Roles, Socialization, and Sex Differences », *American Psychologist*, 1977, 32, p. 644-657. 多数の女性が中・高等教育を受ける機会をえたことで、政治界と特に宗教界、さらには女性の進出の著しい職業全体において生じた変化の全貌を喚起するのは、たとえ手短かにであっても不可能である。一例として、「調整委員会」と称した、まったく新しい型の運動をあげよう（cf. D. Kergoat [éd.], *Les Infirmières et leur coordination, 1988-1989*, Paris, Lamarre, 1992〔大和田敢太「フランスにおける『労働組合権』と『結社の自由』（1）」『高知論叢（社会科学）』第三九号、一九九〇年一一月、五五―五九頁を参照〕）

（19）L. W. Hoffman, *art. cit.*

（20）哲学の研究対象の選択における両性間の差異については、以下を参照。Cf. Charles Soulié, « Anatomie du goût philosophique », *Actes de la recherche en sciences scolaires*, 109, octobre 1995, p. 3-28.

（21）R.-M. Lagrave, « Une émancipation sous-tutelle. Éducation et travail des femmes au XXe siècle », in G. Duby, M. Perrot (éd.), *Histoire des femmes*, t. 5 : *Le XXe siècle*, Paris, Plon, 1992.〔ローズ＝マリー・ラグラーヴ「後見つきの解放――二十世紀における女性の教育と労働」、G・デュビィ、M・ペロー監修『女の歴史V　二十世紀2』杉村和子・志賀亮一監訳、藤原書店、一九九八年、六九一―七四二頁（天野知恵子訳）〕

（22）H. Y. Meynaud, « L'accès au dernier cercle : la participation des femmes aux instances de pouvoir dans les entreprises », *Revue française des affaires sociales*, 42e année, 1, janvier-mars 1988, p. 67-87 ; « Au cœur de l'entreprise EDF, la lente montée des électriciens dans les postes de pouvoir », *Bulletin d'histoire de l'électricité, Actes de la journée de la femme et l'électricité*, 1993.

（23）Cf. M. Amine, *Les Personnels territoriaux*, Paris, Éditions du CNFPT, 1994.

（24）Cf. M. Maruani, « Féminisation et discrimination. Évolution de l'activité féminine en France », *L'Orientation scolaire et professionnelle*, 1991, 20, 3, p. 243-256 ; « Le mi-temps ou la porte », *Le Monde des débats*, 1, octobre 1992, p. 8-9 ; « Statut social et mode d'emploi », *Revue fançaise de sociologie*, XXX, 1989, p. 31-39 ; J. Laufer et A. Fouquet, « Effet de plafonnement de carrière des femmes cadres et accès des femmes à la décision dans la sphère économique », *Rapport du Centre d'études de l'emploi*, 97/90, p. 117.

（25）H. Y. Meynaud, *art. cit.*〔María Antonia García de León, *Élites discriminadas : sobre el poder de las mujeres*, Barcelona, Anthropos, 1994〕

（26）女性の占める割合に応じて三三五の職業を格付けすると、女性が多い職業の筆頭にあがるのは、子供の世話（child care〔保育〕、教育）、病人の世話（看護師、栄養士）、家の世話（household cleaners and servants〔清掃係、家政婦〕）、人の世話（秘書、受付、「オフィスの下働き」）である。(Cf. B. R. Bergmann, *The Economic Emergence of Women*, New York, Basic Books, 1986, p. 317 *sq.*)

（27）その保護は、ときにかなり「奇跡的」なやりかたでなされる。たとえば一九七〇年代、学生数の急増に対処するためにフランスでおこなわれた、高等教育の下級レベルの教員〔助手・主任助手〕の募集がそうである（cf. P. Bourdieu, *Homo academicus*, *op. cit.*, p. 171-205, spécialement p. 182-183〔『ホモ・アカデミクス』前掲書、一九一―二二七頁、特に二〇一―二〇三頁を参照〕）。

（28）Cf. C. L. Williams, *Gender Differences at Work : Women and Men in Non-traditional Occupations*, Berkeley, University of California Press, 1989, et aussi M. Maruani et C. Nicole, *op. cit.*

（29）R. A. Nye, *op. cit.*, p. 9.

（30）ラムジー夫人が営むような家庭生活において、食事が際立った役割を果たすことはすでに見た。ラムジー夫人は「家族精神」の化身であり、その死去により、集団生活と家族のまとまりは崩壊する。

（31）アメリカのブルジョワジーとプチ・ブルジョワジーの場合、家族の社会関係資本、つまり家族のまとまりを維持する仕事は、ほぼ妻だけに課される。妻は夫の親類縁者との関係の維持まで担う（cf. M. di Leonardo, « The Female World of Cards and Holidays : Women, Families and the World of Kinship », *Signs*, 12, spring 1987, p. 410-453. この仕事において電話の会話が果たす決定的な役割については、C. S. Fischer, « Gender and the Residential Telephone, 1890-1940, Technologies of Sociability », *Sociological Forum*, 3 [2], spring 1988, p. 211-233を参照）。（フランスでもアメリカでも、何人かの女性理論家は、批判者のひとりから「理論のための競争」race for theory と呼ばれたものを得意としているが、彼女たちばかりが注目と議論を一身に集め、上記の研究のような見事な研究の影が薄くなっている点に、わたしは支配的モデルへの服従の効果を見ずにはいられない。上記の研究のほうが、理論的観点から見ても、はるかに豊かで実りがあるのに、いかにも男性的な「グランド・セオリー（大理論）」の観念には、それほど合致しないからだ。）

（32）たいして意味がないように見えるだろうが、象徴資本の再生産関係における男性と女性の差異化された地位を示す指標をあげる。アメリカの大ブルジョワジーでは、女子（流行や誘惑の対象と見られる）にフランスの名前をつける傾向があるのに対し、家系の管理者で、家系の永続化を目的とする行為の主体である男子は、むしろ家系に秘蔵された古い名前のストックから選ばれた名前を授かるのだ。

(33) Cf. C. Hoigard et L. Finstad, *Backsreets, Prostitution, Money and Love*, Cambridge, Polity Press, 1992.

(34) Cf. A. Allison, *Nightwork, Pleasure, and Corporate Masculinity in a Tokyo Hostess Club*, Chicago, University of Chicago Press, 1994.

(35) Cf. P. Bourdieu, *La Distinction. Critique sociale du jugement*, Paris, Éditions de Minuit, 1979, p. 226-229.〔『ディスタンクシオンI』前掲書、三二一―三二五頁〕

(36) ニコール・ウールジー＝ビガート（Nicole Woolsey-Biggart）は、著書 *Charismatic Capitalism* (Chicago, University of Chicago Press, 1988) のなかで、女性労働力を使った文化的勧誘の範例的形態について、模範的な記述を提示している。

(37)「ジェンダーの行為遂行性に関する誤解は次のようなものだ、すなわち、そのジェンダーは選択したもの、あるいはひとつの役、あるいは朝に服を身にまとうように身にまとう構築物であるといったものだ」とジュディス・バトラーが書くとき、彼女自身が『ジェンダー・トラブル』〔『ジェンダー・トラブル――フェミニズムとアイデンティティの攪乱』竹村和子訳、青土社、一九九九年〕で提案していた感のあるジェンダーの「主意主義」的な見方を放棄しているように見える。（J. Butler, *Bodies that Matter : On the Discursive Limits of « Sex »*, New York, Routledge, 1993, p. 94.）

(38) M. Foucault, *Histoire de la sexualité*, t. 2 : *L'Usage des plaisirs*, Paris, Gallimard, 1984, p. 43.〔ミシェル・フーコー『性の歴史II　快楽の活用』田村俶訳、新潮社、一九八六年、四七頁を参照〕

(39) ミシェル・フーコーは、特にギリシア倫理学における性《セクシュアリティ》と（男性）権力の関連をよく見抜いた。ギリシア倫理学は、男性のために男性によってつくられ、「挿入および男性支配の図式にもとづいてあらゆる性関係」を構想するよう仕向ける。M. Foucault, *op. cit.*, p. 242.〔ミシェル・フーコー『性の歴史II　快楽の活用』前掲書、二七八頁を参照〕

(40) 周知のとおり、ハードとソフトの対立は、科学の分野において両性間の分業がとる形式である。それは科学的な分業においても、表象《イメージ》や成果の評価そのほかにおいてもおなじである。まったく別の領域において、十六世紀の文芸批評家たちは、男性的で重々しい叙事詩と、装飾のための女性的な叙情詩を対立させていた。母型となる対立は国際関係の領域にまで見いだされる。フランスは、アメリカ、イギリスやドイツといったさまざまな国々に対して、「女性的」と言える位置を占める。その証拠に、エジプト、ギリシアや日本といったきわめて多様な国々で、男子はむしろアメリカやイギリスやドイツといった国々に向かうのに、女子はむしろフランスに行く。あるいは、経済学、科学技術や法学を勉強するにはアメリカやイギリスに行き、文学や哲学や人文科学を学ぶにはむしろフランスのほうに行く（cf. N. Panayotopoulos, « Les "grandes écoles" d'un petit pays. Les études à l'étranger : le cas de la Grèce », *Actes de la recherche en sciences sociales*, 121-122, mars 1998, p. 77-91）。

(41) 強力な文化資本を所有しても、それ自体では、男性からの経済的・文化的な真の自律の条件に到達できるわけではない。男性が高収入のカップルでは、女性の仕事は普通以上の活動や成功によって正当化されなくてはならない選択的特権に見えてしまうとか、世帯収入の半分以上をもたらす男性は女性が半分以上の家事労働をするのを期待するといった事実を認める人びとを信用するならば、経済的自立は必要条件だが、それ自体では支配的モデルの拘束から女性を解放するには足りず、支配的モデルが男性と女性のハビトゥスにつきまとい続ける可能性がある。

（42）わたしはしばしば、とりわけ『ディスタンクシオン』の末尾（*op. cit.*, p. 566）〔邦訳Ⅰ巻、三六八頁〕において、「明晰な見方《ヴィジョン》」のもたらす喜びの追求が社会学に固有の知の欲望《リビドー・スキエンディ》の一部を占めているかもしれないと述べてきたが、それと不可分の「幻滅させる喜び」が、社会学の引き起こすもっとも激しく否定的な反応の一部を説明し、部分的に正当化しうることは、理解していなかった。

（43）〔訳註〕ラ・ボエシとの友情を語るモンテーニュの言葉、『エセー』第一巻、第二十七章「友情について」（『エセー2』宮下志朗訳、白水社、二〇〇七年、二七頁）。サルトルの愛の定義は『存在と無』第三部第三章（『存在と無Ⅱ』前掲書、三八六頁）を参照。

（44）幸福を与えることは、他人を道具として、たんなる享楽の手段として扱い、他人自身の目的を考慮しないことと絶対的に対立する。

（45）Cf. P. Bourdieu, « Le corps et le sacré », *Actes de la recherche en sciences sociales*, 104, septembre 1994, p. 2.

（46）Cf. P. Bourdieu, *Les Règles de l'art. Genèse et structure du champ littéraire*, Paris, Éditions du Seuil, 1992.〔ピエール・ブルデュー『芸術の規則Ⅰ・Ⅱ』石井洋二郎訳、藤原書店、一九九五・一九九六年〕

（47）制度とその儀式が持つ本質的に政治神学的な機能については、以下を参照。P. Bourdieu, *Méditations pascaliennes*, *op. cit.*, p. 279-288.〔『パスカル的省察』前掲書、四〇二―四一六頁〕

■結論

（1）J. Benjamin, *The Bonds of Love, Psychoanalysis, Feminism and the Problem of Domination*, New York,

Pantheon Books, 1988, p. 9.

（2）同様に、男性支配が男性のハビトゥスにおよぼす効果を明確にすることは、一部の人びとが思いたがるように、男性を無罪放免する試みではない。それは、女性を支配から（すなわち女性に支配を押しつける身体化された客観的構造から）解放する努力が、男性を支配の押しつけに加担させてしまうおなじ構造から男性を解放する努力なしには立ち行かないのを示すことだ。

（3）Cf. C. A. MacKinnon, *Feminisme Unmodified, Discourses on Life and Law*, Cambridge (Mass.) et Londres, Harvard University Press, 1987.〔『フェミニズムと表現の自由』前掲書〕

（4）なんであれ対象の独占権を主張するにあたり（一部のフェミニズムの著作でおこなわれる「わたしたち」の単なる使用によってであれ）、同時に主体であり対象であるという事実、より正確には、科学的分析の対象となる人間的条件の特殊な形態を一人称で感じただけで保証されるらしい認知的特権をもちだすことは、〔とりわけ普遍主義への〕アプリオリな嫌疑を正当化する、さまざまな個別主義の政治的な擁護を科学界にもちこみ、普遍主義を問いに付すことだ。だが普遍主義は、とりわけ万人があらゆる対象を扱う権利を持つことを通じて、学術共和国の基礎のひとつとなっているのだ。

（5）〔訳註〕同性愛カップル、事実婚カップルの法的認知を盛り込んだ「民事連帯契約」いわゆるＰＡＣＳが一九九九年に法制化されたが、成立前には社会結合契約とも呼ばれた。

■補遺

（1）この論考の第一稿はゲイとレズビアンについての研究会〔一九九七年六月、ディディエ・

エリボン主催のシンポジウム」で発表したものだ。ここでわたしはただ「運動」について語るにとどめ、運動を活気づける多様な団体、グループ、結社が、ゲイやレズビアンの――「共同体」というよりもむしろ――「集団」や「カテゴリー」のひとつ（あるいは複数）と結んできたきわめて複雑な関係についての態度決定はおこなわない。ゲイやレズビアンの「集団」や「カテゴリー」は、それ自体、定義が非常に難しい（基準とするべきなのは、性的慣習行動だろうか――だがそれも明言されたものか隠されたものか、実質的なものか潜在的なものか――、特定の場所への出入りだろうか、特定の生活様式だろうか）。

（2）こうした運動の根源にある構造的矛盾のせいで、烙印を押された被支配的グループから生じた運動は、不可視化と露出のあいだ、差異の無化と賞揚のあいだで揺らがざるをえない。そのため、公民権運動やフェミニズム運動のように、状況に応じ、組織の構造や政治への関与の仕方、どんなかたちの反対に出会うかによって、どちらかの戦略を採用することになる（M. Bernstein, « Celebration and Suppression : The Strategic Uses of Identitiy by the Lesbian and Gay Movement », *American Journal of Sociology*, 103, November 1997, p. 531-565.）。

（3）A. Prieur, R. S. Halvorsen, « Le droit à l'indifférence : le mariage homosexuel », *Actes de la recherche en sciences sociales*, 113, 1996, p. 6-15.

訳者解説

出版当時の状況

本書『男性支配』は、二十世紀後半のフランスを代表する社会学者ピエール・ブルデューが、ジェンダーの問題を本格的にあつかった唯一の著作である。その特徴は、なぜ男性を女性の優位におく社会秩序が根強く残るのか、独自の概念を用いて分析する点にある。読者の知的関心に応じて、ジェンダー論によるブルデュー理論への招待にも、ブルデュー理論によるジェンダー論への招待にもなりうる一冊と言えるだろう。

原著が刊行された一九九八年には、専門誌だけでなく一般誌にも大きくとりあげられ、数多くの読者を獲得した。一九九八年といえば、社会の周縁にいる人びとへのインタビュー集『世界の悲惨』がベストセラーになってから五年。ブルデューがネオリベラリズム批判を展開し、政治参加する知識人として絶大な存在感を誇っていたころだ。そのいっぽうで、前年には主著と呼ぶにふさわしい理論的集大成『パスカル的省察』も発表されている。

権威あるコレージュ・ド・フランスの教授、学術研究と社会運動の両面で活躍していたブルデューが、それまでフランスではもっぱらフェミニストの――つまり女性による女性のための

──関心領域と見なされ、まさに学界の「男性支配」ゆえに軽視されがちだった分野にふみこんだとなると、注目されたのは当然かもしれない。

ほかにも注目が集まる条件は揃っていた。当時、フランス社会では、同性愛カップルの法的認知や、女性議員の割合の増加を求める動きが活発化し、激しい論争を通じて、性と政治をめぐる伝統的な秩序が問いなおされていたからだ。同性愛カップルにも婚姻に準ずる権利を与えるパクス（民事連帯契約）法は一九九九年、候補者リストにおける男女比の均等を義務づけるパリテ法は二〇〇〇年に成立する。

ブルデューは、そうした社会状況と変革の兆しを察知し、学術的な成果としてだけでなく、一種の政治的介入──根深い「男性支配」に対する闘争の呼びかけ──として、本書を刊行したとも考えられる。

ふたつの迂回──アルジェリアとヴァージニア・ウルフ

とはいえ、本書は、シンプルな政治的主張をうちだしたものではない。そもそも構成からして、かなり特殊である。現代社会における男性支配のメカニズムを論じる以前に、性質の違う、時間的にも空間的にもかけ離れたふたつの分析対象をとりあげ、多くのページを割いているからだ。

ひとつめの分析対象は、ブルデュー自身が一九六〇年代初頭に民族学的な調査をおこなったアルジェリア北部、カビリア地方の伝統的な農村社会。もうひとつは、第一次世界大戦前後、スコットランドの別荘に集う家族と客人の姿を描いたヴァージニア・ウルフのモダニズム小説『灯台へ』（一九二七年刊）である。それぞれ、男性支配の成り立ちおよび再生産の仕組みと、男性支配が男性にもたらす矛盾した影響について、ブルデューが自説を提示するうえでの特権的な事例となっている。

ブルデューによると、エキゾチックな文化の検討は、男性支配を論じるにあたり、無自覚に男性支配の論理をなぞって正当化するような思考パターンに陥らないための、自己客観化の戦略である。このふたつの迂回にこそ、本書のユニークさがあるわけだが、それは同時に、読者を当惑させる原因にもなりうるだろう。

なぜカビリア社会か

まず、どうして男性支配のメカニズムを論じるにあたってカビリア社会をとりあげたのか。ブルデューは、古代ギリシアをとりあげたフーコーの『性の歴史』と比べながら、自身の方法論的な選択のメリットを強調する。カビリア地方では、地中海沿岸だけでなく全ヨーロッパ文化圏に共通する男性中心主義的な伝統が、ほとんどまるごと手つかずのまま実際に機能しているさまを、直接、歴史的な文献による解釈（歪曲）を介さず、客観的に観察できたというのだ。

こうして、男性支配のモデルケースとしてのカビリア社会の分析が、現代ヨーロッパ人の「男性中心的な無意識」の「客観的な考古学」を可能にし、その「拡大されたイメージ」を見せる役割を担うことになる。

「無意識」といっても、精神的なものだけが問題になるわけではない。重要なのは、むしろ身体化された「性向」(ハビトゥス)、からだにしみつき、意図とは無縁に身のこなしにまで現れるものだ。ブルデューは、社会における男性支配の構造(性差にもとづく分業や、空間と時間の使用における女性差別)が、認知の構造(男性的なものと女性的なものを対立させ、前者を後者の優位におく世界観)と一致することによって、無自覚なまま人びとの頭とからだに組み込まれている点を、繰り返し強調する。このメカニズムによって、よく考えれば恣意的で耐えがたいはずの男性支配が、支配者(男性)はおろか被支配者(女性)にも、自然なものに見えてしまう、とブルデューは説明する。

男性支配の再生産

第一章で最初にとりあげられる「身体の社会的構築」とは、解剖学的、生物学的な両性のからだ(性器、性行為)をめぐる差異すら、社会的に定義され、知覚され、実践されていることを指す。こうしたジェンダー研究の蓄積をふまえたオーソドックスな議論を展開しながら、ブルデューは因果関係の循環性を指摘する。身体はつねに社会的に知覚されている(つまり純粋に自然な身体というものはない)にもかかわらず、歴史のなかで社会的に(神話や儀礼などを通じて)つくりあげられた両性の身体イメージが、男性中心主義を正当化し、それを自然に見せることになる、というわけだ。

社会的な支配関係を、身体にいわば「症状」として組み込み、再生産するメカニズムのひとつとして、割礼のような「制定儀礼」の役割をブルデューは重視する。通過儀礼という用語を使わないのは、その儀礼を受ける資格がある者（男）とない者（女）を選別し、それぞれの地位を「制定」する機能を強調するためだ。

とりわけブルデューらしさが現れるのは、男性支配を「象徴的暴力」の効果の典型と見なしつつ、男性支配の再生産を説明する点にある。「象徴的」という形容詞は、ここでは「（社会的な）認識（ものの見方、区別や評価のしかた）を媒介にして、無意識のうちに作用する」と言い換えればわかりやすい。象徴的暴力の特徴は、物理的・経済的な暴力などと異なり、被支配者の暗黙の同意によって作用する点にある。つまり、被支配者（女性）もまた、知らず知らずのうちに、支配者（男性）の観点からつくられたさまざまなカテゴリーにもとづいて、支配関係（男性優位）を考えざるをえないため、支配関係を自然で当然なものとして受け入れてしまう。本人の意識にのぼらない「誤認」による「承認」こそが象徴的暴力の作用であり、こうして支配関係が再生産されることになる。

象徴的暴力が成り立つ条件としてあげられるのが、男性のみに主体の地位を与え、女性をただの対象にしてしまう「象徴財の市場の構造」だ。レヴィ＝ストロースの『親族の基本構造』の延長線上で、ブルデューは結婚を、男性が女性という「象徴財」を交換し所有することで「象徴資本」（家系の名誉など）を維持・蓄積する行為と見なす。「象徴財」とは、経済的な値段はつけられないが、社会生活において価値を認められるものと理解してよいだろう。この「象徴財の経済」が、いわゆる経済活動から相対的に自律している（経済活動の形式が変化しても、男性を主体、女性を対象と見なす社会的な認識は変化しにくい）点にこそ、男性支配の永続化の原因が見出される。

男性支配の「犠牲者」としての男性

第二章では、カビリア社会につづく意外な分析対象として、ヴァージニア・ウルフの小説『灯台へ』がとりあげられ、男性支配が支配者側の男性にもたらすジレンマに論点がしぼられる。たしかに男性は社会的な特権を享受している。男性的とされるものは、女性的とされるものに対置され、普遍的かつ高貴なものとして社会的に認知される。男性向けの仕事と女性向けの仕事といった「天職」の差異化に見られるように、社会的な期待が区別され、男性に高い地位と重要な仕事が割り当てられ、男性だけが社会的な権力ゲームに意味を見出せる仕組みになっている（そうしたゲームへの参加のもとにある無自覚な信念を、ブルデューは「イルーシオ」と呼ぶ）。

そのいっぽうで、男性は男らしさの証明を義務づけられている。性的・社会的な再生産の能力（家系を維持する力）だけでなく、名誉を重んじ、闘争と暴力への適性を示すことで、ほかの男性たちの承認を勝ち取らなければならない。しばしば勇気は、他人から「男らしくない」（つまり「女々しい」）と思われる恐怖と表裏一体である。こうした点において、男性は支配者であるがゆえに犠牲者である、とブルデューは主張する。

それでは、なぜ『灯台へ』なのか。ブルデューによれば、この小説は、まさに男性支配が男性につきつける矛盾を女性の観点から描き出し、ウルフ自身の評論（『自分だけの部屋』や『三ギニー』）にない稀有な明察を提示している作品なのである。

物語の舞台はスコットランド西岸ヘブリディーズ諸島、ラムジー家の別荘。哲学者であるラムジー氏にそそがれるラムジー夫人の視線をたどりつつ、ブルデューは父親の役割と権威を分析したあと、それとは対照的な、男らしさが内包する幼児性に光を当てる。とはいえ、学界という権力ゲームにおける「イルーシオ」と「支配への欲望」に縛られた夫の葛藤を見つめる妻の洞察力は、ゲームの外部にいるがゆえの、あくまで消極的な特権にすぎない。女性は「支配への欲望」をじかに行使できない代償として、「支配者への欲望」を抱く。社会的勝者になりうる男性とその支配力への愛が「運命愛」と呼ばれることになる。

ブルデューの提言

第三章まで読み進めると、なぜカビリアと『灯台へ』というふたつの迂回がなされたのかが明らかになる。それは、男性支配の基本的な要素が、時代と地域の違いをこえてなお、変わらず再生産され、永続化しているという事実確認を正当化するためだった。

ブルデューは、フェミニズムや「女の歴史」に対して、女性をめぐる条件の変化（社会運動の成果）を強調しすぎるあまり、不変的な要素を見逃していると批判する。たとえ（進学や職業選択の面で）変化が起きた場合でも、伝統的な男女分割の論理にしたがって、男性支配の構造が維持され、象徴財の経済の構造にしたがって、女性が他律的な「知覚される存在」（主体ではなく、美的な対象）にとどまるような力が働く。

最終的にブルデューは、支配関係の再生産をめぐって築きあげてきた自らの社会理論にもとづき、ジェンダー研究に対していくつかの提言をおこなう。まず、被支配者である女性が男性支配の永続化に果たしている役割（象徴的暴力のメカニズム）を考慮すること。つぎに、現実には歴史的に形成され、歴史的に維持されてきた男性支配が、非歴史的で自然なものに見えるようになった歴史的プロセスそのものを、家庭だけでなく、学校や教会や国家といった制度に着目して分析すること。その際に、さまざまな「界」の分化の歴史をふまえ、家庭と（学校と職場、官庁とメディアなどに関わる）それぞれの「界」における男性支配の連動の歴史を考察することである。

ふたつのユートピア――「純粋な愛」と同性愛

男性支配の恒常性を事実として確認することは男性支配そのものを肯定することではない。ブルデューは繰り返しそう述べ、本書の分析を男性支配に対する抵抗の一助として提示しているが、読者はときに閉塞感や無力感をおぼえるかもしれない。そもそも象徴的暴力やハビトゥスといったブルデューの理論装置は、支配関係の再生産を説明するためのものであり、変化や断絶を語るのには適さないのではないか、という疑念も頭をよぎるだろう。

その点から見て、本書には二篇、希望とユートピアを語る異例の文章が含まれている。ひとつは「支配と愛に関する追伸」である。ここでブルデューは、上述した社会学的な意味での「運命愛」、つまり支配関係の再生産につながる無自覚なパートナー選択の力学と対置して、

「純粋な愛」というユートピア、男性支配を宙吊りにする「奇蹟」のような関係を、ほとんど抒情的に語っている。この数ページを、本書の「もっともオリジナルな部分」と見なす識者もいる。[1]

もうひとつは、補遺「ゲイ・レズビアン運動に関するいくつかの問題」である。たしかに、社会的な烙印《スティグマ》を押された同性愛者の運動が抱える不可避的なジレンマ（個別の運動として成立するには、否定的なカテゴリー化を受け入れざるをえないという象徴的暴力の作用）を、ブルデューは明快に指摘している。しかし同時に、社会秩序を変革するユートピア的な「前衛」の役割をゲイ・レズビアン運動に期待しているのだ。

いかにして本書は書かれたか――ブルデュー理論の試金石としての男性支配

ブルデュー自身は初出を明示していないが、この本はいくつかの発表済み原稿にもとづいている。

公刊されたばかりの講義録『一般社会学』第二巻によると、本書の中心となる『灯台へ』の読解は、一九八六年五月にコレージュ・ド・フランスでなされたものだ。[2] 驚くべきことに、以降、十年以上にわたり、ブルデューは、男性支配の問題を試金石に、みずからの理論的考察を再検討し、再統合しつづけた。そのプロセスを整理しておこう。

一九九〇年九月、『社会科学研究紀要』に「男性支配」と題する長文の論考を発表。カビリア社会の分析と『灯台へ』の読解からなる本書の大部分は、この雑誌論文の修正版である。[3]

一九九二年十一月、ジョルジュ・デュビィとミシェル・ペロー監修の『女の歴史』（邦訳藤原書店）刊行記念シンポジウムで発言。[4]『女の歴史』への批判は、本書の第三章に組み込まれる。

一九九四年六月、「社会的・性的分業に関する研究グループ」のセミネールに招かれ、「男性支配をめぐる新たな考察」と題して発表。[5] このとき参照したジェンダー研究が、単行本版に補足される。

一九九七年六月、ディディエ・エリボン主催のシンポジウム「ゲイ・レズビアン研究」にて発表。これが本書の「補遺」のもとになる。[6]

一九九八年九月、本書刊行に際して、『労働、ジェンダー、社会』誌が特集を組み、批判的見解に対するブルデューの「反論」を同時に掲載。その一部が、ドイツ語版・英語版の序文にまるごと再利用され、二〇〇二年にはフランス語の文庫版にも再録される。[7]

以上が、訳者が知りえたかぎりで、本書を構成する文章の直接的な来歴である。

ただし、性差の問題へのブルデューの関心は古く、カビリア社会をあつかった一九八〇年刊の代表作『実践感覚』からの引用は、随所にちりばめられている。それだけでなく、一九七七年に発表された「身体の社会的知覚に関する暫定的な指摘」と題する論考も、ひそかに再利用されている。[8]

いかにして本書は読まれたか――フェミニズムからの批判

文化人類学と文学を社会分析に活用する本書のアプローチは、ブルデューの多面的なキャリアの再肯定とも解釈できる（フローベールの『感情教育』をとりあげた『芸術の規則』が想起される）。カビリア社会をめぐる知見が『灯台へ』の読解に役立ったという注記（第一章原註（1））を読むと、本書が一種の知的な自伝か「自己分析」の試みにも見えてくる。

ただしブルデュー自身、これほど書くのが難しかった本はない、何度も投げ出しかけたと語っている[9]。男性支配の恒常性を事実として認める行為が、その事態を肯定する保守的な立場表明と誤解される危惧や、フェミニストの領域に進出する男性論者としての懸念が大きかったことは想像できる。だが、それだけだろうか。自分の理論の可能性とともにその限界も認識してはいなかっただろうか。

本書でブルデューは、フェミニズムの業績を評価しつつも、しばしば自説の引き立て役として批判する。女性によるジェンダー論も「女の歴史」も、研究者自身の無意識を対象化せずに人びとの意識改革に期待する「意識の哲学」の立場にあると見なし、身体化された無意識の次元（象徴的暴力）を重視する自分の立場の意義を強調するのだ（フェミニズムにおける普遍主義も差異主義も、男性支配の認識パターンを無自覚に踏襲したものとして、同時に切り捨てている）。

しかもブルデューは、ともすればフェミニズム運動よりもむしろゲイ・レズビアン運動に期待をよせているように見える。本書の議論の大半、とりわけ「支配と愛に関する追伸」が、異性愛モデルにもとづき、性的マイノリティを考慮していないにもかかわらず、である。

したがってある程度は予想どおり、原著の刊行後まもなく、本書でも引用されているニコル＝クロード・マチューを筆頭に、フェミニストの側から厳しい批判が発表された。本書そのものが、女性研究者や女性活動家の業績を過小評価し、男性支配を実践しているのではないか、という糾弾すら見られた。ここでは具体的な議論の問題点をいくつかあげて整理しておきたい[10]。

①そもそもブルデューの概念装置は歴史における変化をとらえるのに適さないのではないか。

②男性支配の象徴的な次元（無意識的な「象徴的暴力」）に議論を特化しすぎるあまり、物理的な暴力（強姦、外性器切除）や意図的な女性差別を過小評価していないか。

③両性の関係を対称的なものと見なす表現、つまり本質的な非対称性（主体と対象、支配者と被支配者のヒエラルキー）を忘れさせるような表現が用いられていないか（たとえば男性支配の「犠牲者」としての意味合いは、女性と男性で大きく異なるのではないか）。

④『灯台へ』の読解において、ラムジー夫人に関心を集中するだけで、独身の女性画家リリーと、ラムジー夫妻の娘キャムの存在を無視してよいのか[11]。

もしかするとブルデューは、本書で論じられているのとは別の意味で、男性支配の「犠牲者」だった――支配的な地位の男性である彼には見えないものや語れないものがあった――のかもしれない。

いずれにせよ、本書は男性支配の全体像をあつかった著作ではなく、象徴的な次元に着目した男性支配論である。なぜ男性支配は永続化するのかという問いに、ひとまず男性支配が「自然」に見えるからと答え、自然に見えるメカニズムの根底に「象徴的暴力」の作用を見ること。それがブルデューの中心的な主張であり、その功罪と応用可能性が問われるべきだろう。じっさい、本書の刊行後もたびたび再読の試みがおこなわれている[12]。

刊行から二〇年近くがたち、現代日本の読者は、当時のフランスの言論・政治の状況を共有していない。しかし、世界経済フォーラムが発表した二〇一五年版「ジェンダー・ギャップ指数」によると、男女平等の度合いにおいて、日本の順位は調査対象一四四カ国のうち一一一位で、過去最低の水準だった。多くの面で男性支配が作用している以上、今なお本書には読まれる価値があるだろう。

＊　＊　＊

本書は、Pierre Bourdieu, *La Domination masculine*, Seuil, « Liber », 1998 ; « Points Essais », 2002 の翻訳である。底本には、ドイツ語版と英語版のための序文を含む文庫版を使用した。

訳出にあたっては、序文、まえがき、第一章、第二章を坂本浩也、第三章、結論、補遺を坂本さやかが担当し、訳文を相互にチェックして用語や文体の統一に努めた。わかりにくい箇所については、旧友ギヨーム・ペリエ（京都大学）とマガリ・ナシュテルガル（パリ第十三大学）にくわえ、アレクサンドル・マンジャン氏（立教大学）から貴重な示唆をえた。授業で抜粋の読解に付き合い、率直な感想を述べてくれた立教大学の院生にも感謝する。

訳者ふたりは、かつて東大駒場で石井洋二郎先生からブルデュー読解の手ほどきを受けたが、専門は十九世紀・二十世紀のフランス文学であり、社会学とジェンダー論はもちろん、文化人類学や哲学におよぶ本書の議論の前提をすべて把握できたとは言えない。しばしば難解な原文を前に、可能なかぎりクリアな訳文をつくることのみを心がけたものの、思わぬ誤読が残っているかもしれない。読者諸賢のご叱正とご寛恕を請いたい。
最後に、翻訳の機会を与えてくださった石井洋二郎先生と藤原良雄社主に作業の大幅な遅れをお詫びするとともに、的確な編集でサポートしてくださった刈屋琢氏に深謝したい。

二〇一六年十二月

訳者

注

（1）Jean-Louis Fabiani, *Pierre Bourdieu. Un structuralisme héroïque*, Seuil, 2016, p. 258.

（2）Pierre Bourdieu, *Sociologie générale, volume 2, cours au Collège de France*（*1983-1986*）, éd. Patrick Champagne *et al.*, Raisons d'agir/ Seuil, 2016, p. 920-937, 962-975.

（3）Pierre Bourdieu, « La domination masculine », *Actes de la recherche en sciences sociales*, vol. 84, septembre 1990, p. 2-31. この論文版の「男性支配」については、伊藤公雄氏、西山哲郎氏、大前敦也氏による翻訳が、『情況』一九九二年六月号、七・八月合併号、十・十一月合併号、一九九三年一・二月合併号、三月号に掲載されている。

（4）Pierre Bourdieu, « Remarques sur l'*Histoire des femmes* », *Femmes et Histoire*, sous la direction de Georges Duby et de Michelle Perrot, Plon, 1993, p. 63-66. ピエール・ブルデュー「『女の歴史』に関する覚書」G・デュビィ、M・ペロー編『「女の歴史」を批判する』小倉和子訳、藤原書店、一九九六年、七五―八〇頁。

（5）Pierre Bourdieu, « Nouvelles réflexions sur la domination masculine », *Cahiers du Gedisst* (*ancienne série*), n° 11, 1994, repris dans *Cahiers du Genre*, n° 33, 2002, p. 225-233. 自分の理論をジェンダー研究に応用する（おもにフランス国外での）試みに対する不満があったため「やや急いで」論文を書いたが、じつは男性支配の問題は自分の頭のなかでも完全にはクリアでなかったと語っているのが興味深い。

（6）Pierre Bourdieu, « Quelques questions sur la question gay et lesbienne », *Les Études gay et lesbiennes*, textes réunis par Didier Eribon, Centre Georges Pompidou, 1998, p. 45-50.「補遺」については、加藤康子氏による翻訳が、単行本版『男性支配』全体の簡潔な解題とともに『環』第十二号、二〇〇三年に掲載されている。

（7）*Travail, Genre et Sociétés*, « Controverses. Autour du livre de Pierre Bourdieu *La Domination masculine* », n° 1, avril 1999, p. 201-234.

（8）Pierre Bourdieu, « Remarques provisoires sur la perception sociale du corps », *Actes de la recherche en sciences sociales*, n° 14, avril 1977, p. 51-54.

（9）« Pierre Bourdieu répond », *Travail, Genre et Sociétés*, n° 1, avril 1999, p. 230-234.

（10）もっとも辛辣な批判は『レ・タン・モデルヌ』誌に掲載された二篇だろう。Nicole-Claude Mathieu, « Bourdieu ou le pouvoir auto-hypnotique de la domination masculine », *Les Temps modernes*, n° 604, 1999, p. 286-324 ; Marie-Victoire Louis, « Bourdieu : défense et illustration de la domination masculine », *ibid.*, p. 325-358. ほかにも本稿の執筆にあたって参照した評論を二点あげておく。Rose-Marie Lagrave, « La lucidité des dominées », *Travailler avec Bourdieu*, sous la direction de Pierre Encrevé et de Rose-Marie Lagrave, Flammarion,

2003, « Champs-Flammarion », 2005, p. 311-321 ; Anne-Marie Devreux, « Pierre Bourdieu et les rapports entre les sexes : une lucidité aveuglée », *Sous les sciences sociales, le genre. Relectures critiques de Max Weber à Bruno Latour*, sous la direction de Danielle Chabaud-Rychter, Virginie Descoutures, Anne-Marie Devreux et Eleni Varikas, La Découverte, 2010, p. 77-93.

(11) ラムジー氏を見るラムジー夫人を見るリリーのまなざしや、ラムジー氏を見る弟ジェイムズを見る姉キャムの視線を考慮すれば、ウルフの小説世界が、ブルデューの描く男性支配の図式よりもさらに複雑で繊細な、女性の主体としての可能性や自己矛盾の意識を描き出していることに気づかされる。Nicole-Claude Mathieu, art. cit.

(12) Anne-Marie Devreux, Éric Fassin, Helena Hirata, Ilana Löwy, Catherine Marry, Marc Bessin, Irène Jami, « La critique féministe et *La domination masculine* », *Mouvements* 5/2002 (n° 24), p. 60-72 ; *Feminism after Bourdieu*, edited by Lisa Adkins and Beverley Skeggs, Oxford : Blackwell/Sociological Review, 2004.

ア 行

カ 行

サ 行

主要人名索引

原書の人名索引に基づき本文・註と訳者解説から項目を採り，姓・名の五十音順で配列した。ローマ字のみで登場する人名は別途まとめ，アルファベット順で配列した。

A～Z

著者紹介

ピエール・ブルデュー（Pierre Bourdieu, 1930-2002）

高等師範学校卒業後、哲学の教授資格を取得、リセの教員となるが、55年アルジェリア戦争に徴兵。アルジェ大学助手、パリ大学助手、リール大学助教授を経て、64年、社会科学高等研究院教授。教育・文化社会学センター（現在のヨーロッパ社会学センター）を主宰し学際的共同研究を展開。81年コレージュ・ド・フランス教授。以後、逝去するまでコレージュ・ド・フランス社会学教授の地位にあった他、ヨーロッパ社会学研究所を主宰し、雑誌『社会科学研究学報』と出版社レゾン・ダジールの責任者も務めた。20世紀における最も影響力ある社会科学者のひとりであり、新自由主義に反対するグローバルな動員に関与する指導的な大衆的知識人のひとりだった。

社会学ならびに人類学の数多くの古典的作品の著者であり、『ディスタンクシオン』『再生産』（パスロンと共著）『社会学の社会学』『構造と実践』『話すということ』『資本主義のハビトゥス』『社会学者のメチエ』（シャンボルドン、パスロンと共著）『芸術の規則』『自由-交換』（ハーケと共著）『遺産相続者たち』（パスロンと共著）『ホモ・アカデミクス』『教師と学生のコミュニケーション』（パスロン、サン・マルタンと共著）『ハイデガーの政治的存在論』『政治』『住宅市場の社会経済学』『リフレクシヴ・ソシオロジーへの招待』（ヴァカンと共著）『実践理性』『結婚戦略』『国家の神秘』（ヴァカン他と共著）『パスカル的省察』『科学の科学』『自己分析』『国家貴族』『介入』など、また〈シリーズ・社会批判〉として『市場独裁主義批判』『メディア批判』（以上邦訳、藤原書店）など、多数の著書がある。

訳者紹介

坂本さやか（さかもと・さやか）

1973年生。東京大学ほか非常勤講師。19世紀フランス文学。論文に、「『ウェルギリウスの蜜蜂』——ミシュレの『虫』における復活」（中里まき子編『トラウマと喪を語る文学』朝日出版社、2014年、所収）、訳書に、J・ミシュレ『フランス史』（3・4・6巻、藤原書店、2010・2011年、共訳）がある。

坂本浩也（さかもと・ひろや）

1973年生。立教大学教授。20世紀フランス文学。著書に、『プルーストの黙示録——『失われた時を求めて』と第一次世界大戦』（慶應義塾大学出版会、2015年）、訳書に、J・デリダ『滞留』（未來社、2000年、共訳）がある。

男性支配《だんせいしはい》

2017年2月10日　初版第1刷発行©

訳者　坂本さやか
　　　坂本浩也

発行者　藤原良雄

発行所　株式会社 藤原書店

〒162-0041　東京都新宿区早稲田鶴巻町523
電話　03（5272）0301
FAX　03（5272）0450
振替　00160 - 4 - 17013
info@fujiwara-shoten.co.jp

印刷・製本　中央精版印刷

ISBN978-4-86578-108-3

超領域の人間学者、行動する世界的知識人

ピエール・ブルデュー （1930-2002）

「構造主義」と「主体の哲学」の二項対立をのりこえる全く新しい諸概念を駆使して、人文・社会科学のほとんどあらゆる分野を股にかけた「超領域の人間学」者。

コレージュ・ド・フランス教授の職務にとどまらず、社会学の共同研究はもちろん、自ら編集した雑誌『Actes』、自律的出版活動〈レゾン・ダジール〉、「ヨーロッパ社会運動協議会」の組織などを通して、世界的な知識人として行動。最晩年は反グローバリゼーションの国際社会運動をリードした。拡大された「資本」概念（文化資本）、〈場＝界〉（champ）の概念をはじめ、人文・社会諸科学への影響は日増しに深まっている。

趣味と階級の関係を精緻に分析

ディスタンクシオン Ⅰ・Ⅱ

〈社会的判断力批判〉

P・ブルデュー
石井洋二郎訳

ブルデューの主著。絵画、音楽、映画、読書、料理、部屋、服装、スポーツ、友人、しぐさ、意見、結婚……。毎日の暮らしの「好み」の中にある階級化のメカニズムを、独自の概念で実証。

第8回渋沢クローデル賞受賞

A５上製　Ⅰ五一二頁　Ⅱ五〇〇頁
各五九〇〇円（一九九〇年四月刊）
Ⅰ◇978-4-938661-05-2
Ⅱ◇978-4-938661-06-9

LA DISTINCTION　Pierre BOURDIEU

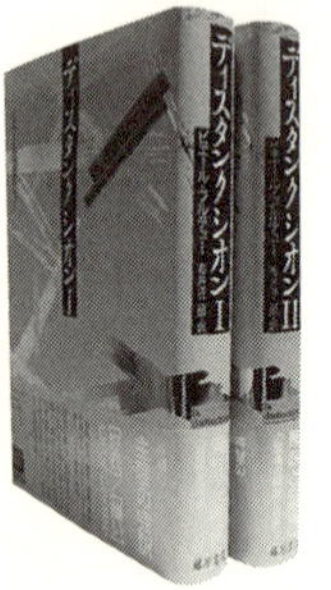

「象徴暴力」とは何か

再生産

〈教育・社会・文化〉

P・ブルデュー、J－C・パスロン
宮島喬訳

『遺産相続者たち』にはじまる教育社会学研究を理論的に総合する、文化的再生産論の最重要文献。象徴暴力の諸作用とそれを蔽い隠す社会的条件についての一般理論を構築。「プラチック」論の出発点であり、ブルデュー理論の主軸。

A５上製　三〇四頁　**三七〇〇円**
（一九九一年四月刊）
◇978-4-938661-24-3

LA REPRODUCTION　Pierre BOURDIEU et Jean-Claude PASSERON

新しい社会学の本格的入門書

社会学の社会学

P・ブルデュー
田原音和監訳

文化と政治、スポーツと文学、言語と音楽、モードと芸術等、日常的な行為を対象に、超領域的な人間学を展開しているブルデューの世界への誘いの書。ブルデュー社会学の方法、概念、対象及び、社会科学の孕む認識論的・哲学的諸問題を呈示。

A5上製　三七六頁　**三八〇〇円**
（一九九一年四月刊）
◇978-4-938661-23-6

QUESTIONS DE SOCIOLOGIE
Pierre BOURDIEU

〈附〉主要著作解題・全著作目録

構造と実践

（ブルデュー自身によるブルデュー）

P・ブルデュー
石崎晴己訳

新しい人文社会科学の創造を企図するブルデューが、自らの全著作・仕事について語る。行為者を構造の産物にして構造の再生産者として構成する「プラチック」とは何かを、自身の「語られたものごと」を通して呈示する、ブルデュー自身によるブルデュー。

A5上製　三六八頁　**三七〇〇円**
（一九九一年一二月刊）
◇978-4-938661-40-3

CHOSES DITES
Pierre BOURDIEU

現代言語学・哲学批判

話すということ

（言語的交換のエコノミー）

P・ブルデュー
稲賀繁美訳

ソシュールにはじまる現代言語学の盲目性を、ハイデガー哲学の権威主義を、アルチュセール派マルクス主義の正統性の神話を、言語の社会的機能の視点から暴き、理論的言説が魔術的言説に他ならぬことを初めて喝破。

A5上製　三五二頁　**四三〇〇円**
（一九九三年一月刊）
◇978-4-938661-64-9

CE QUE PARLER VEUT DIRE
Pierre BOURDIEU

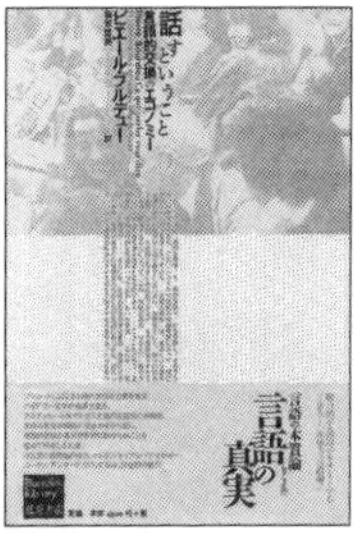

人類学・政治経済学批判

資本主義のハビトゥス

（アルジェリアの矛盾）

P・ブルデュー
原山哲訳

「ディスタンクシオン」概念を生んだブルデューの記念碑的出発点。資本主義の植民活動が被植民地に引き起こす「現実」を独自の概念で活写。具体的歴史状況に盲目な構造主義、自民族中心主義的な民族学をこえる、ブルデューによる人類学・政治経済学批判。

四六上製　一九二頁　**二八〇〇円**
（一九九三年六月刊）
◇978-4-938661-74-8

ALGÉRIE 60
Pierre BOURDIEU